现代环境法与资源保护法研究

贺 莉◎著

中国出版集团

中译出版社

图书在版编目（CIP）数据

现代环境法与资源保护法研究 / 贺莉著. -- 北京：
中译出版社, 2024. 6. -- ISBN 978-7-5001-8005-0

Ⅰ. D922.6

中国国家版本馆CIP数据核字第2024ZU2713号

现代环境法与资源保护法研究

XIANDAI HUANJINGFA YU ZIYUAN BAOHUFA YANJIU

出版发行 / 中译出版社
地　　址 / 北京市西城区新街口外大街28号普天德胜大厦主楼4层
电　　话 /（010）68359827, 68359303（发行部）；68359287（编辑部）
邮　　编 / 100044
传　　真 /（010）68357870
电子邮箱 / book@ctph.com.cn
网　　址 / http://www.ctph.com.cn

策划编辑 / 于建军
责任编辑 / 于建军
封面设计 / 蓝　博

排　　版 / 雅　琪
印　　刷 / 廊坊市文峰档案印务有限公司
经　　销 / 新华书店

规　　格 / 710毫米 × 1000毫米　　 1/16
印　　张 / 13.5
字　　数 / 220千字
版　　次 / 2025年1月第1版
印　　次 / 2025年1月第1次

ISBN 978-7-5001-8005-0　　　　　　　　　　**定价：** 78.00元

前 言 Preface

　　《现代环境法与资源保护法研究》是对当今世界面临的环境挑战与资源保护问题进行深入思考与研究的成果。随着人类社会的不断发展与进步，环境保护与资源利用已经成为摆在我们面前的重大课题。在全球化背景下，环境问题已经成为各国共同面临的挑战。人类活动对自然环境的影响日益加剧，全球变暖、生物多样性丧失、水资源污染等问题已经严重影响着人类的生存和发展。为了应对这些挑战，各国纷纷制定了环境法律法规，建立了相应的管理机构，但在实践中还存在着诸多问题和挑战。因此，对现代环境法与资源保护法进行深入研究，探索其中的理论与实践问题，对于完善法律体系、加强监督管理、促进公众参与、推动环境治理具有积极的促进作用。

　　本书通过环境法律体系概述、环境法律责任与监督、生态环境保护法律机制、现代环境资源合规管理与节约利用法律框架、现代环境执法与监督体系、应对气候变化的法律措施以及环境治理与社会参与法律机制等七个章节展开论述。通过对现行法律制度的梳理、案例分析和比较研究，力求为现代环境法和资源保护法的发展提供理论指导和实践借鉴。

　　本书的编写得到了各方面的支持与帮助，著者在此表示衷心的感谢。同时，也感谢所有为环境保护事业默默奉献的人们，正是有了你们的努力与付出，我们才能更好地保护我们共同的家园。

　　最后，希望本书能够成为广大读者了解现代环境法与资源保护法的重要参考资料，也期待本书的出版能够进一步推动环境法律制度建设的进步，为建设美丽地球作出我们的贡献。

　　基于水平有限，书中难免会有疏漏之处，请广大读者提出宝贵意见。

著者

2024 年 3 月

目　　录 Contents

第一章　导论

第一节　研究背景和动机

一、研究背景

近年来，全球环境问题日益突出，涉及气候变化、生物多样性丧失、水土资源枯竭等诸多方面，对人类生存和发展带来了严重挑战。在这一背景下，各国纷纷加大了环境治理的力度，并提出了一系列环境保护政策和措施。中国作为人口大国和工业化程度较高的国家之一，面临着更为严峻的环境压力和挑战。因此，加强现代环境治理、推动生态文明建设已成为中国社会发展的迫切需求和重要任务。

（一）全球环境问题的日益突出

随着工业化和城市化进程的加速，全球环境问题日益凸显。其中，气候变化是最为突出的问题之一。大量的温室气体排放导致全球气温上升，引发了极端天气事件和海平面上升等严重后果。同时，生物多样性丧失也是一个严重的问题，物种灭绝速度加快，生态系统受到破坏，给人类社会带来了巨大的生态危机。此外，水土资源的过度开发和过度利用导致了水土流失、干旱和土地退化等问题，严重威胁着人类的生存和发展。

（二）中国面临的环境压力和挑战

作为人口大国，中国在工业化和城市化进程中所产生的环境问题尤为突出。大规模的工业生产和城市建设导致大气污染、水体污染和土壤污染等问题日益严重，严重影响着人民的生活质量和健康状况。同时，生态系统的破坏也给生态安全带来了严重威胁，许多地区的生态环境已经严重恶化，生态系统功能逐渐丧失，给可持续发展带来了巨大障碍。

（三）加强现代环境治理的重要性

面对严峻的环境压力和挑战，加强现代环境治理、推动生态文明建设已成为社会经济发展的迫切需求。只有通过科学的环境管理和保护，才能有效地解决环境问题，实现经济社会可持续发展。因此，加强环境治理、推动生态文明建设已成为社会经济发展的当务之急，也是全球环境治理的重要课题。

（四）研究现代环境治理的意义

研究现代环境治理，不仅可以深入了解环境问题的本质和原因，还可以探索解决环境问题的有效途径和方法，为推动生态文明建设提供科学依据和政策建议。此外，研究现代环境治理还可以增进对环境管理和保护的理解，促进环境治理工作的深入开展，为实现经济社会可持续发展做出积极贡献。因此，加强现代环境治理的研究具有重要的理论意义和实践价值。

二、研究动机

在当前全球环境问题日益严峻的背景下，加强现代环境治理已成为各国社会发展的迫切需求。中国作为人口大国和工业化程度较高的国家之一，面临着更为严峻的环境压力和挑战。工业化和城市化进程加快，大规模的工业生产和城市建设导致了大气污染、水体污染和土壤污染等问题日益严重，严重影响了人民的生活质量和健康状况。同时，生态系统的破坏也给生态安全带来了严重威胁，许多地区的生态环境已经严重恶化，生态系统功能逐渐丧失，给可持续发展带来了巨大障碍。

在这一背景下，加强现代环境治理、推动生态文明建设已成为中国社会发展的当务之急。然而，当前我国现代环境治理仍存在一些问题和不足，主要表现在法律法规不完善、执法监管不到位、技术手段不够先进等方面。一方面，现行的环境保护法律法规尚不完善，对于一些新型污染物的管控和治理存在一定的滞后性；另一方面，环境执法监管的力度和效果有待进一步提升，一些地方甚至存在着"假执法""软执法"等现象，导致环境违法行为难以得到有效遏制；此外，我国在环境监测技术和环境治理技术方面仍有较大的发展空间，需要加大科技创新力度，提高环境治理的技术含量和效率。

因此，本研究的动机在于通过对现代环境治理的深入研究，探索解决环境问题的有效途径，为我国生态文明建设提供科学依据和政策建议。具体而言，本研究将重点关注现代环境治理中存在的问题和挑战，深入剖析其成因和影响，通过对国内外相关理论和实践的综合分析，提出切实可行的解决方案和政策建议。同时，本研究还将探讨现代科技手段在环境治理中的应用，促进环境治理工作的智能化、信息化和精细化，提高环境治理的效率和效果。最终，本研究旨在为推动我国现代环境治理工作取得实质性进展，促进经济社会可持续发展做出积极贡献。

第二节　目的和意义

一、研究目的

本研究的目的在于在全球环境问题日益严峻的背景下，深入探讨现代环境治理的理论与实践问题，以期为我国生态环境保护事业的健康发展提供科学依据和政策建议。具体而言，本研究旨在通过以下几个方面达成目标：

第一，深入分析我国现代环境治理存在的主要矛盾和挑战。通过对当前环境治理工作中存在的法律法规不完善、执法监管不到位、技术手段不够先进等问题进行剖析，揭示其成因和影响，为后续研究提供理论基础和分析框架。

第二，探讨现代环境治理的相关理论和方法。通过对国内外环境治理理论的回顾和总结，结合我国环境治理实践的经验，探讨现代环境治理的基本原理、方法和路径，为我国环境治理工作提供理论指导和方法支持。

第三，提出相应的对策和建议。基于对现代环境治理存在问题的深入分析和对理论方法的探讨，结合国内外环境治理的最佳实践，提出切实可行的对策和建议，包括加强法律法规建设、完善执法监管机制、推进科技创新应用等方面，为我国环境治理工作提供政策指导和实践借鉴。

第四，促进我国生态环境保护事业的健康发展，推动经济社会可持续发展。通过对现代环境治理的深入研究和提出的对策建议，促进我国生态文明建设取得实质性进展，提高环境质量和人民生活水平，为经济社会可持续发展注入新的动力和活力。

二、研究意义

本研究具有以下几方面的重要意义：

（一）为我国现代环境治理提供理论指导和政策建议

通过深入研究现代环境治理的理论与实践问题，本研究将为我国环境治理工作提供重要的理论指导和政策建议。这些指导和建议将有助于政府部门更好地制定环境保护政策，优化环境治理的体制机制，提高环境治理效率和效果，从而推动生态文明建设和环境保护工作的深入开展。

（二）增进对现代环境治理的深入理解

本研究将深入分析我国现代环境治理存在的主要矛盾和挑战，探讨现代环境治理的相关理论和方法，提出相应的对策和建议。这将有助于增进对现代环境治理的深入理解，揭示环境治理工作的本质和规律，为解决环境问题提供科学依据和理论支持。

（三）探索现代环境治理的新模式、新技术和新方法

本研究将重点探讨现代环境治理的新模式、新技术和新方法，包括法律法规建设、执法监管机制、科技创新应用等方面。通过对国内外环境治理的最佳实践的总结和借鉴，本研究将为我国环境治理工作注入新的理念和思路，推动现代环境治理工作向更加科学、有效、可持续的方向发展。

（四）加强国际交流与合作，推动全球环境治理事业的发展

本研究将通过对国内外环境治理理论与实践的比较和分析，促进国际交流与合作，推动全球环境治理事业的发展。在全球化背景下，加强国际交流与合作，共同应对气候变化、生物多样性丧失、水土资源枯竭等全球性环境问题，具有重要的现实意义和国际影响力。

第三节 研究方法论

为了达到以上目的和意义，本研究将采取以下方法论：

一、文献综述

文献综述部分旨在通过综合国内外相关文献，对现代环境治理的理论研究成果和实践经验进行总结，并深入分析我国现代环境治理所面临的主要问题和挑战，以及研究的热点和趋势。

在国内外的相关文献中，现代环境治理已经成为一个备受关注的研究领域。在理论研究方面，学者们对环境治理的概念、原理、方法和技术进行了深入探讨。例如，国际上普遍认为，现代环境治理应该是综合性、系统性、可持续性的，需要政府、企业、社会各界共同参与，采取多元化、创新性的手段来解决环境问题。同时，现代环境治理也涉及多个学科领域，包括环境科学、生态学、法律、经济学等，需要跨学科的综合研究和合作。

在实践经验方面，各国都积累了丰富的环境治理经验。例如，一些发达国家在环境立法、污染治理、资源利用等方面已经建立了较为完善的制度和政策体系，取得了显著的成效。同时，一些新兴经济体和发展中国家也在加大环境治理力度，采取了一系列积极的措施来改善环境质量，保护生态环境。

然而，我国现代环境治理仍然存在着一些突出的问题和挑战。首先，环境污染问题依然严重，大气污染、水污染、土壤污染等问题亟待解决。其次，环境法律法规体系尚不完善，执法监管不到位，存在一定的执行难度。再次，科技手段和技术装备相对滞后，需要加大科技创新力度，提高环境治理的技术水平和效率。最后，社会各界对环境保护的认识和参与度还有待提高，需要加强环境教育和宣传，增强公众的环保意识和责任感。

针对上述问题和挑战，学者们在研究中逐渐形成了一些热点和趋势。例如，一些学者致力于探索环境治理的新模式和新方法，包括生态文明建设、绿色发展、循环经济等方面的理论和实践探索；另一些学者关注环境法律法规的完善和执法监管的强化，提出了一系列具体的改革建议；还有一些学者关注环境治理与经济发展、社会治理等领域的融合，提出了多元化、综合化的解决方案。

二、案例分析

案例分析是深入了解现代环境治理实践的重要手段之一。通过选取国内外典型案例，可以对不同地区和行业的环境治理实践进行深入分析，从中总结成功经验和教训，为我国的环境治理提供有益启示。

在国内，北京市实施的大气污染治理就是一个典型案例。北京市在大气污染治理方面采取了一系列有效措施，包括限制机动车排放、减少工业污染、清洁能源替代、大气污染防治设施建设等。通过这些措施的实施，北京市的空气质量得到了明显改善。然而，也面临着环保执法不严格、污染企业治理不力等问题，需要进一步加强监管和治理。

在国外，欧洲国家的废水处理经验值得借鉴。欧洲国家在废水处理方面积累了丰富的经验，建立了先进的废水处理技术和设施，并制定了严格的废水排放标准和监管制度。通过这些措施，欧洲国家的水环境质量得到了有效改善，为环境保护和经济发展取得了良好的平衡。

借鉴这些案例经验，我们可以提出适合我国实际的现代环境治理对策和建议。首先，加强环境治理法律法规的制定和实施，建立健全的执法监管体系。其次，推动技术创新，提升环境治理的技术水平和效率。再次，加强社会参与，增强公众的环保意识和责任感。此外，加强跨部门协作，形成合力推动环境治理工作。最后，加强对环境治理实践的监督和评估，及时总结经验教训，不断完善环境治理工作的机制和措施。

通过案例分析，我们可以更深入地了解环境治理的实际情况，从中汲取经验教训，为我国的现代环境治理提供有益参考和借鉴。

三、问卷调查

问卷调查是了解公众对环境治理认知、态度和行为的重要手段之一。通过设计并实施相关问卷调查，可以获取广泛的民意反馈，为环境治理政策的制定提供参考依据。

在问卷设计上，应该综合考虑公众对环境问题的关注点、理解程度、对环境治理政策的认可度以及可能的行为倾向等方面。问卷内容可以涵盖环境问题的认知情况、对环境治理政策的支持程度、个人的环保行为习惯、对环境问题解决方案的期待等内容。同时，还可以通过设计开放式问题或情境题目，了解公众的具体意见和建议。

在实施问卷调查时，可以通过线上和线下相结合的方式，覆盖更广泛的人群。可以利用社交媒体、网络问卷平台、街头访谈等方式，吸引不同群体的参与，获取更加全面的数据。

分析问卷调查结果是问卷调查的重要环节。通过对数据进行统计分析和深度挖掘，可以发现公众在环境治理认知、态度和行为方面的特点和规律。同时，也能够识别出公众对环境治理政策的认可度和不足之处，以及存在的问题和矛盾。基于这些分析结果，可以提出针对性地改进建议，包括政策的调整和完善、宣传教育的加强、环境治理手段的优化等方面。

四、专家访谈

专家访谈是深入探讨现代环境治理理论与实践问题的重要手段之一。通过邀请环境治理领域的专家学者进行深度访谈，可以获取权威专家的观点和见解，从理论和实践两个层面全面了解现代环境治理的相关情况。

在进行专家访谈时，首先需要选择具有丰富经验和专业知识的专家学者，包括环境科学、环境工程、环境政策等领域的专家。通过面对面的深度交流，可以就现代环境治理的核心问题展开讨论，包括政策法规的制定与执行、技术手段的创新与应用、社会参与的机制与作用等方面。通过专家的分享和分析，可以深入理解环境治理工作的现状、存在的问题及其原因、解决问题的有效途径等。

借助专家意见，可以完善研究内容，提高研究的质量和实效性。专家们的专业见解和实践经验可以为研究提供重要的参考和指导，帮助研究者更加准确地把握环境治理领域的关键问题和热点难点，为研究提供深入的思路和方法。

通过与专家的交流和讨论，研究者可以及时调整研究方向和方法，确保研究的科学性和可操作性。

　　总之，专家访谈是深入探讨现代环境治理理论与实践问题的有效途径，通过与专家的交流和讨论，可以充分借鉴专家的经验和智慧，完善研究内容，提高研究的质量和实效性，为现代环境治理提供更加科学有效的理论和实践支撑。

第二章　环境法律体系概述

第一节　环境法与资源保护法基本概念

一、环境法的概念与内涵

环境法是指为了保护和改善环境质量、维护生态平衡、促进可持续发展而制定的一系列法律法规的总称。其内涵主要包括以下几个方面：

（一）环境保护对象广泛

1. 自然环境保护

（1）大气环境保护

大气环境质量直接影响人类健康和生态系统的稳定性。因此，环境法针对大气污染源头和排放标准进行规范，包括工业废气、汽车尾气等。此外，针对重污染天气，环境法还规定了应急响应机制，保障公众健康和生活安全。

（2）水环境保护

水资源是人类生存和发展的基础，而水污染对生态系统和人类健康造成严重威胁。环境法通过对水质标准、水污染治理技术、水资源的合理利用等方面的规范，保护水环境的完整性和可持续性。

（3）土壤环境保护

土壤是生物生存的基础，但土壤污染对植被、农作物生长以及地下水的净化都具有破坏性影响。环境法对土壤污染源的管控和修复提出了要求，确保土壤资源的可持续利用。

2. 生态系统和生物多样性保护

生态系统是地球上各种生物和非生物要素相互作用的综合体，它们共同构成了地球生命的基础。生态系统包括陆地生态系统、水域生态系统和空气生态系统等多种形式，涵盖了从微观微生物到宏观生态群落的广泛范围。生态系统的健康和稳定对于维持生物的生存和繁衍至关重要，因为它们提供了各种生物所需的食物、水源、栖息地以及其他生存条件。

生物多样性是指地球上各种生物种类的丰富程度和多样性。它包括了物种多样性、基因多样性和生态系统多样性三个层面。生物多样性的丧失可能导致生态系统的不稳定和破坏，从而影响生物链的平衡和功能。

在环境法的框架下，保护生态系统和生物多样性是至关重要的任务。为了实现这一目标，环境法采取了多种措施。首先，建立了自然保护区和野生动植物保护区，这些区域被划定为专门保护各种生态系统和生物群落的地区，以确保它们的完整性和稳定性。其次，环境法规定了对于捕猎、捕捉和非法采集野生动植物的严格限制和管理措施，以防止过度捕杀和破坏生物多样性。最后，环境法还强调了对生态系统的恢复和重建，通过生态修复、栖息地保护和重建等方式，促进受损生态系统的修复和再生。

3. 人工环境保护

（1）工业环境保护

工业活动是主要的污染源之一，而环境法对工业企业的排放标准、污染治理设施建设等方面进行了严格规定，保护周边环境不受过度污染影响。

（2）城市环境保护

城市是人类集中生活和生产的地方，而城市化进程中的污染、资源消耗等问题已成为环境法关注的焦点。因此，环境法规定了城市规划、建设、管理等方面的要求，促进城市环境的改善和可持续发展。

4. 社会环境保护

（1）环境信息公开

环境信息公开是公众参与环境保护的基础，而环境法规定了政府部门和企业应当公开环境信息的内容和方式，确保公众了解环境状况并参与环境治理。

（2）环境教育

环境教育是培养公民环境意识和环境保护能力的重要途径，而环境法鼓励学校、社会团体等组织开展环境教育活动，提高公众对环境问题的认知水平。

（3）社会参与

公众参与是环境治理的重要保障，而环境法规定了公众参与环境决策的程序和方式，保障公众的知情权、参与权和监督权，促进环境治理的公开透明和民主参与。

（二）环境保护目标明确

1. 减少污染物排放

环境法的一个重要目标是减少污染物的排放，以保护和改善环境质量。针对不同行业和污染类型，环境法规定了一系列的排放标准和治理措施，以降低污染物对环境的不良影响。这一方面是通过限制污染源的排放量来实现的，另一方面则是通过引导企业采取污染防治措施来减少排放。

在大气污染防治方面，环境法规定了各种工业企业、火力发电厂、交通运输等行业的大气污染物排放标准，并要求这些单位安装并合理运行污染治理设施，以减少大气污染物的排放。例如，钢铁、化工等行业必须安装烟气脱硫、脱硝等设施，以减少二氧化硫、氮氧化物等污染物的排放。此外，环境法还规定了车辆排放标准，并鼓励推广清洁能源汽车、提高汽车尾气排放的控制效率，以降低交通尾气对大气环境的污染。

对于水体污染防治，环境法规定了各类工业企业、农业养殖场等单位的污水排放标准，要求这些单位建设并运行污水处理设施，确保污水排放符合国家和地方的水质标准。此外，环境法还加强了对工业废水、农业面源污染等的治理，通过限制化肥农药使用量、推广农田面源污染治理技术等措施，减少农业活动对水环境的污染。

在土壤污染防治方面，环境法要求对于污染土地的治理和修复，对于涉及土壤污染的工业企业、矿区、化工厂等，要求其采取措施限制和治理土壤污染，以减少土壤污染物的排放和迁移。

2. 提高环境质量

环境法的一个核心目标是提高环境质量，以确保人类居住的环境更加清洁、健康。为实现这一目标，环境法采取了一系列措施，包括监测评估、环境规划和治理措施等，从而促进环境质量的不断改善。

第一，环境法通过建立环境监测评估体系，对环境质量进行科学监测和评估。这包括对大气、水体、土壤等环境要素进行监测，分析环境质量状况和污染源排放情况，及时发现环境问题和污染源，为环境治理和规划提供科学依据。

第二，环境法要求制定环境规划，明确环境保护的发展方向和目标。环境规划根据不同地区和行业的实际情况，制定环境质量改善目标、环境保护措施和治理方案，提出具体的环境保护政策和措施，以保障环境质量的提高。

第三，环境法通过制定和实施一系列环境标准和排放限值，规范各类污染源的排放行为，减少污染物的排放量，保护环境质量。例如，针对大气、水体和土壤等不同介质，环境法制定了相应的环境质量标准和污染物排放标准，要求各类污染源达到或超过这些标准，以确保环境质量不断改善。

第四，环境法还鼓励和支持环境保护技术和装备的研发和应用，推动清洁生产和循环经济的发展，减少资源消耗和污染排放，促进环境友好型产业的发展，从根本上提高环境质量。

3. 保护生态系统

为了维护生态平衡和保护生物多样性，环境法采取了一系列措施来保护自然生态系统。自然生态系统是地球上各种生物和非生物要素相互作用的综合体，对维持地球生命的持续存在和发展起着至关重要的作用。环境法的主要任务之一就是确保这些生态系统的完整性和稳定性。

第一，环境法通过建立自然保护区来保护重要的生态系统和生物群落。自然保护区是根据自然生态环境特征和生物多样性等因素划定的一定范围内的保护区域，旨在保护自然生态系统、生物多样性和自然景观，防止生态系统的破坏和资源的过度开发利用。这些自然保护区包括国家级自然保护区、地方级自然保护区、野生动植物保护区等，涵盖了陆地、水域和海洋等不同类型的生态系统，保护了众多珍稀濒危物种和重要生态景观。

第二，环境法设立了野生动植物保护区，保护和管理各类野生动植物资源。野生动植物保护区是为了保护和恢复濒危野生动植物种群及其生存环境而设立的一定范围内的保护区域，用于保护野生动植物的栖息地、繁殖地和迁徙通道，维护生物多样性和生态平衡。这些保护区不仅保护了珍稀濒危物种，还为生态旅游和科学研究提供了重要的场所和资源。

第三，环境法还通过加强环境监测、加强生态修复和生态补偿等方式，促进生态系统的健康发展和稳定运行。环境监测可以及时发现生态系统的问题和威胁，采取相应的措施进行治理和保护；生态修复则是通过人工或半自然手段对受损生态系统进行修复和重建，恢复其生态功能和稳定性；而生态补偿则是对因开发活动而损害生态系统的行为进行经济补偿，以维护生态系统的完整性和健康状态。

4. 促进资源可持续利用

资源的可持续利用是环境法的重要目标之一，它意味着在满足当前需求的同时，不损害未来世代的资源利用权益，确保资源的永续供给和人类社会的可持续发展。为实现资源的可持续利用，环境法采取了一系列措施，包括资源开发管理、节约利用、循环经济等方面的规定和制度安排。

第一，环境法规定了资源的合理开发和管理机制。资源开发需要在充分考虑生态环境承载能力和资源保护的前提下进行，以避免资源开发过度、破坏生态环境的情况发生。环境法通过设立资源开发的准入条件、审批程序和监管措施，对资源开发活动进行限制和管理，确保资源的可持续利用和保护。

第二，环境法鼓励节约利用资源，减少资源的浪费和损耗。节约资源是环境保护和可持续发展的基本要求之一。环境法规定了各种资源的节约利用措施，包括加强资源利用效率、推广清洁生产技术、发展循环经济等。通过提高资源利用效率和减少资源浪费，可以最大限度地延长资源的使用寿命，保证资源供给的持续性。

第三，环境法鼓励开展循环经济，促进资源的再生利用和循环利用。循环经济是一种以减少资源消耗、减少环境污染和提高资源利用效率为目标的经济模式，通过将废弃物转化为资源再利用，实现资源的最大化利用和减少资源消耗。环境法规定了循环经济的政策支持、技术推广和产业发展等方面的措施，鼓励企业和个人参与循环经济实践，推动资源的可持续利用和环境保护。

（三）法律法规体系完善

1. 宪法的规定

宪法是一个国家的最高法律文件，具有至高无上的法律地位和权威性。在环境保护方面，宪法确立了一系列基本原则和政策方针，为国家的环境保护工作提供了基本法律保障。

第一，宪法明确规定了人民的环境权利。宪法赋予了人民享受良好的生态环境的权利，这意味着每个公民都有权利生活在一个清洁、健康的环境中，并享受自然资源的合理利用。这一权利不仅是对公民个体的保护，也是对整个社会生态环境的保护。

第二，宪法强调了国家的环境保护责任。宪法规定了国家保护生态环境的基本责任，要求国家采取措施保护和改善生态环境，防治环境污染和其他公害，维护人民的健康。这体现了国家对环境保护工作的高度重视和责任担当，为国家制定相关环境法律法规提供了宪法依据。

第三，宪法还强调了全民参与环境保护的原则。宪法规定了公民有义务保护环境和自然资源的责任，强调了全民对环境保护的共同责任和参与。这体现了环境保护工作需要全社会的共同参与和努力，要求每个公民都要为环境保护事业贡献自己的力量。

2. 法律的制定

国家的环境保护法律体系是维护生态环境和促进可持续发展的重要法律基础。我国制定了一系列环境保护相关的法律，这些法律覆盖了环境保护的各个领域，从总则、污染物排放控制、环境影响评价、生态保护等方面对环境保护进行了具体规定，构成了环境法的主体框架。

第一，《中华人民共和国环境保护法》是中国环境保护的基本法律，明确了国家的环境保护政策、法律责任和监管机制。该法规定了环境保护的基本原则、环境保护目标、环境监测评估等内容，为其他环境法律的制定和实施提供了总则性的指导。

第二，《中华人民共和国大气污染防治法》（简称"大气污染防治法"）针对大气环境污染问题，规定了大气污染的预防和控制措施，包括大气污染物排放标准、大气污染物监测和排放许可制度等，旨在改善大气环境质量，保护人民健康。

第三，《中华人民共和国水污染防治法》（简称"水污染防治法"）则针对水环境污染问题，规定了水污染的防治措施，包括水污染物排放标准、水环境保护与恢复、水资源的合理利用等内容，旨在保护水资源，维护水生态系统的稳定性。

第四，还有其他一系列法律法规，如《中华人民共和国土壤污染防治法》（简称"土壤污染防治法"）、《中华人民共和国固体废物污染环境防治法》（简称"固体废物污染防治法"）、《中华人民共和国环境影响评价法》（简称"环境影响评价法"）等，涵盖了环境保护的各个方面。这些法律法规共同构成了完整的环境法律体系，为保护环境、维护生态平衡、促进可持续发展提供了法律保障和指导。通过制定和完善环境保护法律，国家能够有效地管理和治理环境问题，促进经济社会的可持续发展。

3. 行政法规的制定

除了法律之外，各级政府还制定了大量的环境保护行政法规，这些法规在环境治理中起着非常重要的作用。环境保护行政法规是政府为了贯彻落实环境保护法律、细化法律规定、解决具体环境问题而制定的行政性规章。这些行政法规涵盖了环境保护的各个方面，包括环境监测、排污许可、环境税收等，具有针对性和实用性，为环境治理提供了具体的政策措施和实施细则。

第一，环境监测标准是行政法规中的重要内容之一。环境监测是环境保护的基础工作，通过对环境质量的监测和评估，及时发现环境问题，采取有效的措施加以治理。各级政府制定了一系列的环境监测标准，包括大气、水、土壤等多个方面的监测标准，确保环境质量的可控可评估。

第二，排污许可制度是环境保护行政法规的重要内容之一。排污许可制度是指政府根据环境法律规定，对排放污染物的单位进行许可、核准或登记，规定其排放的标准、限值、时限和监督管理要求。通过排污许可制度，能够有效控制企业排放，减少环境污染。

第三，环境保护税收政策也是行政法规的重要内容。环境保护税收政策是政府对环境污染行为征收的一种税费，通过对污染排放者征收税费，鼓励其减少污染排放，促进企业技术更新和节能减排，从而实现环境保护的目的。

除了以上内容，环境保护行政法规还涵盖了环境治理的其他方面，如环境保护目标责任考核制度、环境信息公开制度等。这些行政法规在具体环境治理实践中发挥着重要的作用，为环境保护提供了具体的政策保障和操作指导。通过行政法规的制定和实施，政府能够更加有效地管理和治理环境问题，推动环境保护工作不断向前发展。

4. 部门规章的制定

除了法律和行政法规之外，环境保护工作还涉及各个领域和部门，因此各个部门也根据自身职责和实际情况制定了一系列环境保护的部门规章，这些规章在环境治理中起着非常重要的作用。部门规章是指各个行政管理部门为了贯彻落实法律法规、细化法律规定、解决特定领域环境问题而制定的行政性规章，涉及的范围广泛，包括环境监测、环境影响评价、生态保护、资源利用等多个方面。

环境监测规定是部门规章中的重要内容之一。各级生态环境部门根据环境监测的需要和实际情况，制定了一系列的环境监测规定，包括监测方法、监测指标、监测频次等方面的具体规定，以确保监测数据的准确性和可比性。

环境影响评价管理办法也是部门规章的重要内容之一。环境影响评价是环境保护的重要手段之一，对涉及环境的重大建设项目进行环境影响评价，有助于预测项目可能产生的环境影响，提出相应的防治措施。各级生态环境部门根据《中华人民共和国环境影响评价法》（简称"环境影响评价法"）的要求，制定了一系列的环境影响评价管理办法，规定了评价程序、评价内容、评价标准等方面的具体要求，为环境影响评价工作提供了操作指南。

生态保护、资源利用等方面也制定了相应的部门规章。生态保护方面的规章包括野生动植物保护管理办法、自然保护区管理办法等，资源利用方面的规章包括矿产资源开发管理办法、水资源利用管理办法等。这些规章根据各自领域的特点和需求，对生态保护和资源利用进行了具体规定，为相关工作提供了技术标准和管理措施。

（四）环境权益保障机制健全

环境权益保障机制是环境保护工作中的重要组成部分，通过建立监管机构、法律责任机制、环境评价制度和公众参与机制等多种方式，保障公民和社会组织在环境权益方面的合法权利和参与权利。

1. 监管机构的建立与职责

（1）环境保护监管机构的设置

在中国的环境保护治理体系中，环境保护监管机构的设置是非常重要的一环。这些机构旨在有效监督和管理环境保护法律法规的执行情况，从而保障环境的质量和生态的稳定。在国家一级，设立了国家生态环境部门，通常被称为国家环保部，作为最高层级的环保监管机构，其职责涵盖了全国范围内的环境保护工作。国家环保部门负责制定和修订环境保护相关政策法规，统筹协调全国的环境保护工作，开展重大环境保护项目的评估和监督，并对各级地方环保部门的工作进行指导和检查。

在地方各级政府下，也设立了相应的环境保护监管机构，通常称为地方环保局。这些机构根据地方行政区划设置，包括省级、市级和县级环保局等，负责各自辖区内的环境保护监管工作。地方环保局的职责包括但不限于：贯彻执行国家环保政策法规；制定本地区的环境保护规划和方案；监督和检查环境污染防治工作的实施情况；开展环境监测和评估工作；处理环境污染事件和生态环境损害赔偿等。

除了国家环保部门和地方环保局之外，还有其他一些专门的环境保护监管机构，如环境执法监察局、环境监测站等，它们在环保体系中扮演着不同的角色。环境执法监察局主要负责环境执法监督和执法检查工作，保障环境执法工作的严肃性和公正性；环境监测站则负责环境监测和数据收集工作，为环境保护决策提供科学依据。

（2）监管机构的职责

监管机构作为环境保护体系中的重要组成部分，承担着多方面的职责，以确保环境法规的有效实施和环境质量的持续改善。其主要职责包括但不限于监测环境质量、执法检查、处罚违法行为等。

第一，监管机构的职责之一是监测环境质量。这包括对空气、水体、土壤等环境要素进行监测和评估，以了解环境质量的现状和变化趋势。通过实时监测和数据分析，监管机构能够及时发现环境污染问题和潜在风险，为环境保护决策提供科学依据。

第二，监管机构负责执法检查。这意味着对环境保护法律法规的执行情况进行检查和评估，包括对企业和个人的环境行为进行监督和检查。执法检查旨在确保环境保护工作的规范实施，防止违法行为的发生，保障公众利益和生态安全。

第三，监管机构还具有处罚违法行为的权力和责任。一旦发现环境违法行为，监管机构将依法进行处罚，包括罚款、责令停产整顿等措施。这种惩罚性措施不仅是对违法行为的惩处，更是对法律权威和法治精神的维护，起到了震慑和警示作用。

通过对环境保护工作的监督和检查，监管机构能够有效维护环境质量和生态平衡。其工作旨在促进经济社会的可持续发展，实现人与自然的和谐共生。然而，监管机构在履行职责的过程中也面临着诸多挑战，如人力物力不足、技术手段滞后等问题，因此，需要不断加强能力建设，提升监管效能，更好地履行环境保护的使命。

2.法律责任机制的建立与实施

（1）法律责任机制的建立

法律责任机制的建立是环境保护的重要保障之一。环境法规明确了环境违法行为者应承担的法律责任和处罚措施，以此来维护环境法律的权威性和执行效力。这些法律责任和处罚措施包括行政处罚、经济处罚、刑事责任等多种形式。

第一，行政处罚是环境违法行为者面临的主要责任之一。生态环境部门或相关行政机构有权对违法行为者进行行政处罚，如责令停产整顿、责令限期改正、没收违法所得等。这种行政处罚强调了对违法行为的及时制止和整改，对违法行为者起到了一定的惩戒作用，促使其改正错误，遵守环境法规。

第二，经济处罚是另一种常见的法律责任形式。环境违法行为者往往需要支付相应的罚款或赔偿费用，以弥补环境损害或补偿社会损失。这种经济处罚不仅是对违法行为的惩罚，更是一种经济手段来促使企业和个人履行环境保护责任，防止其为了谋取经济利益而对环境造成损害。

第三，刑事责任也是环境违法行为者可能面临的一种法律责任形式。对于严重的环境违法行为，如严重污染环境、破坏生态系统等，相关责任人员可能被追究刑事责任，受到法律的惩罚。这种刑事责任的追究不仅是对违法行为的惩罚，更是对环境犯罪行为的严肃打击，维护社会的法治和公平正义。

（2）法律责任机制的实施

法律责任机制的实施对于环境保护至关重要，其有效执行可以确保环境法规的实施和执行效果。当违反环境法规的行为发生时，监管机构拥有权力对其进行处罚，以维护环境法规的权威和法治。

首先，监管机构可以通过行政处罚来惩处违法行为。行政处罚是最常见的处罚形式之一，包括对违法单位或个人的罚款、责令停产停业、吊销相关许可证等措施。这些处罚不仅可以对违法行为进行惩戒，也可以通过行政手段迅速制止和纠正违法行为，保护环境的整体利益。

其次，对于严重破坏环境的违法行为，环境法还规定了刑事处罚。这种处罚形式更加严厉，旨在对严重犯罪行为进行惩治和打击，起到更加有效的震慑作用。刑事处罚可能包括监禁、罚款等，对于违法行为的主要责任人员以及犯罪组织，可能会面临更为严重的刑事责任追究。

最后，除了处罚之外，法律责任机制的实施还包括对违法行为的监督和检查。监管机构有权对环境违法行为进行定期检查和监督，及时发现问题并采取相应的处罚措施。这种监督和检查机制不仅可以有效遏制违法行为的发生，也可以促进环境保护工作的规范实施。

3.环境评价制度的建立与运行

（1）环境评价制度的建立

环境评价制度的建立是现代环境保护工作的重要组成部分，其在环境保护和可持续发展中具有重要作用。环境评价制度的主要目的在于评估各类项目、政策对环境的影响，为决策提供科学依据，以实现经济社会的可持续发展和生态环境的保护。

第一，环境评价制度覆盖了项目建设的全过程。在项目建设前，环境评价将对计划中的项目进行全面评估，包括对项目对周边环境、生态系统、自然资源等的影响进行预测和分析。这有助于在项目实施前发现潜在的环境风险和问题，并提出相应的环境保护措施和建议，以减少对环境的不利影响。

第二，环境评价制度还包括项目建设中的监测和控制阶段。在项目建设过程中，需要根据环境评价的结果对项目的环境影响进行实时监测和评估，及时发现和解决环境问题，确保项目的环境管理达到预期效果。这包括对环境指标、污染物排放、生态系统变化等方面进行定期监测和评估，以及采取相应的控制措施。

第三，环境评价制度还涵盖了项目建设后的评估和跟踪阶段。在项目建设完成后，需要对项目的环境影响进行全面评估和总结，了解项目实施的环境效果和社会效益，为未来类似项目的决策提供参考和经验。同时，还需要建立起项目建设后的环境监测和跟踪机制，对项目运营期间的环境状况进行持续监测和评估，及时发现和解决环境问题，保障环境的持续改善。

（2）环境评价制度的运行

环境评价制度的运行是为了保障环境保护工作的有效实施和公众利益的最大化。该制度强调了公众参与和透明度，旨在确保公众的知情权和参与权得到充分尊重和保障。在环境评价过程中，项目建设单位应当积极与公众沟通，充分考虑公众的意见和诉求，确保公众的合法权益得到有效保护和满足。这种公众参与机制不仅能够提高环境评价的科学性和公正性，也可以增强公众对项目建设的认同感和支持度，为项目的顺利实施奠定基础。

环境评价报告作为决策的重要依据，对项目的环境影响进行了科学评估和分析。在编制环境评价报告时，评估人员会对项目可能产生的各种环境影响进行全面的调查和研究，包括对空气、水质、土壤、生物多样性等方面的影响进行评估。通过科学的方法和技术手段，评估人员能够客观地评价项目对环境的潜在影响，并提出相应的环境保护措施和风险管理建议。这些评估结果将为决策者提供重要的参考信息，帮助其制定合理的决策，最大限度地减少项目对环境的不利影响，保护生态环境和公众利益。

在环境评价制度的运行过程中，透明度也是非常重要的一环。环境评价报告应当向公众充分公开，并向公众提供充足的时间和机会参与讨论和审议。评估人员应当积极回应公众的疑虑和关注，解答公众提出的问题，确保评价过程的公正和透明。这种公开透明的环境评价机制有助于增强公众对环境保护工作的信任度和参与度，促进社会的和谐发展和共享繁荣。

4. 公众参与机制的建立与发展

（1）公众参与机制的建立

公众参与机制的建立是现代环境治理的重要组成部分，旨在促进民众对环境决策的参与和监督，增强社会的环境意识和责任感，从而实现环境保护的共治和共享。在环境法规的指导下，公众参与机制主要包括信息公开、听证会、公众参与评估等多种方式。

第一，信息公开是公众参与的基础和前提。环境法规要求相关政府部门和企业应当及时公开环境信息，包括环境质量数据、环境监测报告、环评报告等。公众通过获取环境信息，可以了解环境状况、环保政策和项目规划，从而有效参与环境决策过程，提出意见和建议。

第二，听证会是一种常见的公众参与方式。在重大环境决策或涉及公共利益的环境项目中，政府或企业通常会组织听证会，邀请公众就相关事项发表意见和看法。听证会为公众提供了直接参与决策的机会，有助于各方了解不同利益相关者的立场和关切，为决策提供更加全面的考量。

第三，公众参与评估是一种系统化的公众参与方式。在环境评价、环境影响评估等过程中，相关单位通常会组织公众参与评估活动，邀请公众就评估范围、评估方法、评估结果等方面提出意见和建议。公众参与评估能够促进环境评价的科学性和公正性，增强公众对环境保护工作的信任感和满意度。

（2）公众参与机制的发展

公众参与机制的建立和发展对于促进环境保护工作的科学、公正和民主具有重要意义。随着社会的进步和人们环保意识的增强，公众对环境问题的关注和参与度也日益增加。在这样的背景下，政府部门应积极开展环境宣传教育，加强公众环境意识，提高公众参与环境保护的积极性和主动性。

第一，环境宣传教育是促进公众参与的重要途径之一。政府部门可以通过举办环保主题的宣传活动、开展环境教育课程、发布环境保护信息等方式，向公众传递环境保护的重要性和紧迫性，引导公众树立正确的环保观念，增强环保意识。这种宣传教育活动有助于激发公众对环境问题的关注和热情，为其参与环保活动打下良好的基础。

第二，政府部门可以通过建立多样化的公众参与平台，提供更广泛的参与机会。这包括在环境决策、政策制定、项目实施等环节设立听证会、座谈会、公众论坛等机制，邀请公众就相关事项发表意见和建议。同时，利用互联网和社交媒体等现代通信技术，建立在线平台，让公众可以随时随地参与环境讨论和决策，实现公众参与的便捷化和高效化。

第三，政府部门还应当加强对公众参与的引导和支持，营造良好的参与氛围。这包括制定相关的法律法规和政策文件，明确公众参与的程序和机制，保障公众的合法权益和参与权利。同时，还需要建立起健全的监督和评估机制，对公众参与的效果进行监测和评估，及时发现问题并加以解决，不断提升公众参与的质量和水平。

二、资源保护法的定义与范畴

资源保护法是为了合理利用和保护自然资源，维护资源供给的持续性和稳定性而制定的法律法规的总称。其定义和范畴主要包括以下几个方面：

（一）资源保护的内涵

1. 自然资源保护

（1）水资源保护

水资源是人类生存和发展的基础，包括地下水、地表水等各种形式。资源保护法通过建立水资源的管理制度、水资源利用和开发的许可制度、水污染防治的法律规定等，保护水资源的数量和质量，维护水生态系统的稳定性。

（2）土地资源保护

土地资源是农业、工业、城市建设等各个领域的重要生产要素，而土地资源的过度开发和滥用将导致土地退化、沙漠化等问题。资源保护法规定了土地利用总体规划、土地利用权的出让和管理、土地的保护和治理等，保障土地资源的合理利用和长期稳定。

（3）矿产资源保护

矿产资源是工业生产和国民经济的重要支撑，而资源开采过程中的环境破坏和资源枯竭是当前亟待解决的问题。资源保护法通过矿产资源的勘查开发管理、矿产资源的合理利用和保护、矿山环境治理等方面的规定，保护矿产资源的可持续利用和生态环境的可持续发展。

（4）森林资源保护

森林资源是维护生态平衡、保障生物多样性、防止水土流失等方面的重要资源，但森林资源的砍伐和滥用导致了生态环境的恶化和自然灾害的频发。资源保护法规定了森林资源的保护和利用、森林资源的经营管理、森林防火和森林病虫害防治等，保护森林资源的完整性和生态功能。

2. 合理利用与环境保护的统一

资源保护法的核心理念在于实现资源的合理利用与环境的保护之间的统一。这一统一原则强调了经济发展与环境保护之间的平衡和协调，意味着在资源的开发利用过程中，不仅要追求经济效益，还必须兼顾社会效益和环境效益，确保资源的可持续利用和环境的可持续发展。

第一，合理利用与环境保护的统一要求对资源的开发利用进行科学规划和综合考虑。在资源勘查、开发和利用的全过程中，需要进行全面的环境影响评价，充分考虑资源开发对生态系统、自然景观、生物多样性等方面的影响，确保资源的开发利用不会对环境造成严重破坏。

第二，统一原则要求在资源利用过程中采取有效的环境保护措施。这包括采取先进的生产技术和清洁生产工艺，减少污染物排放和资源浪费，提高资源利用效率；同时，也需要建立健全的环境监测和管理制度，对资源开发项目进行严格监管和控制，确保资源开发活动符合环境保护要求。

第三，合理利用与环境保护的统一还需要注重生态补偿和环境修复。在资源开发利用过程中，可能会对生态系统造成一定程度的破坏，因此需要采取相应的生态补偿措施，对生态环境进行修复和保护。这包括生态补偿金的支付、生态恢复工程的实施等，以弥补资源开发过程中可能造成的生态损失，实现资源利用与环境保护的双赢。

第四，合理利用与环境保护的统一要求形成良性的循环机制。这意味着通过资源的高效利用和环境的有效保护，实现经济增长和生态环境的良性循环。只有在经济社会发展的同时，保护好生态环境，才能确保人类的长远利益和可持续发展的目标。

3. 生态平衡与可持续发展的促进

资源保护法的目标之一是促进生态平衡与可持续发展，这一目标的实现对于维护环境稳定和保障人类长期利益至关重要。通过资源的合理利用和环境的有效保护，资源保护法致力于实现生态平衡和可持续发展的目标，以促进经济、社会和环境的协调发展。

首先，资源保护法强调了维护生态平衡的重要性。生态平衡是生态系统内各种生物和非生物要素之间相互作用的稳定状态，是维持生态系统功能和稳定性的基础。资源保护法通过保护自然生态系统的完整性和稳定性，如建立自然保护区、保护濒危物种等措施，促进生态平衡的形成和维护，以确保生态系统的健康和稳定。

其次，资源保护法强调了资源的可持续利用。资源的可持续利用是指在满足当前需求的基础上，不损害未来世代满足其需求的能力。资源保护法规定了资源的科学开发、合理利用和节约利用，旨在实现资源的可持续利用，保障资源供给的持续性和稳定性，以满足人类经济社会的发展需求。

最后，资源保护法也强调了可持续发展的重要性。可持续发展是指在满足当前需求的同时，不影响未来世代满足其需求的发展模式。资源保护法通过限制资源的过度开发和不合理利用，保护环境质量，促进经济社会的可持续发展。这种发展模式旨在实现经济增长、社会进步和环境保护的良性循环，为人类的长远利益和未来发展提供保障。

（二）资源保护的法律依据

第一，《中华人民共和国水法》（简称"水法"）是我国水资源管理和保护的基本法律，规定了水资源的所有权和使用权，保护水资源的数量和质量，维护水生态系统的稳定性。

第二，《中华人民共和国土地管理法》（简称"土地管理法"）是我国土地资源管理和保护的基本法律，规定了土地的所有权和使用权，保障土地资源的合理利用和长期稳定，防止土地的过度开发和滥用。

第三，《中华人民共和国矿产资源法》（简称"矿产资源法"）是我国矿产资源管理和保护的基本法律，规定了矿产资源的勘查开发管理，保护矿产资源的合理利用和生态环境的可持续发展。

第四，《中华人民共和国森林法》（简称"森林法"）是我国森林资源管理和保护的基本法律，规定了森林资源的保护和利用，保障森林资源的完整性和生态功能，防止森林资源的过度砍伐和滥用。

（三）资源保护的重要性

1. 生态文明建设的重要内容

（1）资源保护与生态文明建设

资源保护作为生态文明建设的重要内容之一，是实现经济社会发展与生态环境保护协调发展的关键环节。生态文明建设强调人与自然的和谐共生，而资源保护则是维护生态平衡、保护生物多样性、防止环境污染的重要途径之一。

（2）生态文明建设的核心理念

生态文明建设强调均衡发展、绿色发展、循环发展，注重实现人与自然的和谐共生。而资源保护作为生态文明建设的重要组成部分，体现了保护资源、促进循环利用、减少浪费的核心理念，为经济社会的可持续发展提供了重要支撑。

为推进生态文明建设，各级政府制定了一系列政策措施，其中包括资源保护的相关政策。这些政策措施包括资源开发利用管理、资源税收政策、资源减排措施等，旨在促进资源的合理利用和保护，推动经济社会的绿色可持续发展。

2. 经济社会可持续发展的基础支撑

（1）资源保护与经济可持续发展

资源是经济发展的重要支撑，而资源保护是实现经济可持续发展的关键因素之一。合理利用和保护资源可以确保资源的持续供给，避免资源枯竭和环境破坏对经济的不利影响，为经济的长期稳定增长提供了坚实基础。

（2）资源保护与社会可持续发展

资源保护也是社会可持续发展的基础支撑之一。资源的过度开发和浪费会导致资源短缺和环境恶化，进而影响社会的稳定和可持续发展。通过合理利用和保护资源，可以保障社会的资源供给和环境质量，促进社会的可持续发展。

（3）资源保护与生态可持续发展

生态系统是人类生存和发展的重要基础，而资源保护是实现生态可持续发展的关键环节。资源的合理利用和保护有助于维护生态平衡、保护生物多样性，减少对生态系统的破坏，促进生态系统的健康稳定发展，实现生态系统与人类社会的和谐共生。

（四）资源保护的法律责任

1. 违法行为的处罚和惩戒

（1）资源开发和利用违法行为的处罚

① 法规遵守监管

对于违反这些法规的行为，监管机构将采取适当的处罚。例如，对于未经许可的资源开发行为，可能会面临罚款、停工整顿等处罚。

② 行政处罚措施

除了罚款外，违法的资源开发行为也可能会受到其他行政处罚，例如吊销开发许可证、责令停产整顿等。这些处罚措施旨在通过惩罚性措施来强化法规的执行，确保资源的合理开发利用。

（2）资源污染和破坏违法行为的处罚

① 环境损害评估

在资源开发和利用过程中，对可能产生的环境影响应进行评估和预防。对于未进行充分评估或违反评估结果的行为，相关单位将面临处罚。例如，未经环评手续擅自开发导致环境损害的，应承担相应责任。

② 环境治理和修复

对于已经造成环境污染或生态破坏的行为，责任单位应承担环境治理和修复的责任。这包括清理污染物、恢复受损生态系统等工作，并应按照法定程序进行。

（3）处罚和惩戒的综合措施

① 法律责任连带

在资源开发和利用过程中，相关责任主体应当承担连带责任。不仅仅是企业或个人，相关监管部门、评估机构等也应当对违法行为承担相应责任，以形成对资源保护的全面监管和保障。

② 经济惩罚和社会效应

除了直接的法律处罚外，违法行为也可能会导致巨额的经济损失以及不良的社会效应。这种间接的惩罚也对于强化资源保护的意识和责任感起到了重要作用。

（4）制度完善与修订

① 法规更新与修订

随着社会发展和资源环境变化，资源保护相关法规也需要不断修订和完善。及时更新法规，弥补法律漏洞，是保障资源保护法规有效执行的重要举措。

② 制度机制建设

除了法规本身，相关的制度机制也需要不断完善。包括监管机构的职责和权限明确、行政执法程序的规范化、违法行为的举报和处理机制等，都需要进一步健全。

2. 监督检查和法律责任追究

（1）监督检查机构的职责

① 监督体系建设

建立健全监督检查机构，明确其职责和权限。这些机构应当具备独立性和权威性，能够有效监督资源保护法规的执行情况。

② 定期检查和突击检查

监督检查机构应当定期对资源开发和利用情况进行检查，及时发现问题并采取相应措施。同时，也需要不定期进行突击检查，以防止违法行为的逃避和规避。

（2）法律责任追究机制

① 严格执法与公正司法

对于发现的违法行为，监督检查机构应当及时移交给执法部门进行处理。执法部门应当依法严格执法，保障法律的公正执行。

② 公开透明与问责机制

法律责任追究过程应当公开透明，接受社会监督。对于未能履行监督职责或者处理违法行为不力的监管机构和个人，也应当依法追究责任。

3. 强化环境保护责任

（1）环境影响评价与预防

① 全面评估与风险管控

在资源开发前，应进行全面的环境影响评价，识别可能的环境风险，并制定相应的预防措施。这有助于减少资源开发活动对环境的不良影响。

② 科学规划与生态保护

对于涉及重要生态系统或生态保护区的资源开发项目，应当进行科学规划，优先保护生态系统的完整性和稳定性。

（2）环境治理与修复

① 责任主体明确

对于已经造成环境污染或生态破坏的情况，责任主体应当明确。这可能包括资源开发企业、生态环境部门以及相关评估机构等。明确责任主体有助于加强环境治理和修复工作的组织和实施。

② 科学技术支持

环境治理和修复工作需要依托科学技术手段，包括环境监测技术、污染物清理技术等。政府部门应当加强对这些技术的研发和推广，确保环境治理工作的科学性和有效性。

（3）环境保护责任的强化

① 法律责任约束

强化环境保护责任意味着加强对资源开发活动可能产生的环境影响的管控，以及对违法行为的严厉惩罚。相关法律法规应当对环境保护责任进行明确规定，建立起严格的法律责任约束机制。

② 企业社会责任

企业在资源开发过程中应当承担起相应的社会责任，包括对环境的保护和修复责任。这种责任不仅仅是法律的要求，更是企业可持续发展的内在需要。

（4）环境保护政策与法规的完善

① 政策支持与激励机制

政府应当通过相关政策和法规来支持环境保护工作。这可能包括对环境友好型技术和产品的鼓励和支持，以及对环境保护工作的经济激励措施。

② 法规完善与强化执行

环境保护法律法规的完善和强化执行是保障环境保护责任的重要保障。政府应当加强对环境保护法规的修订和完善，并加大执法力度，确保法规的有效执行。

（5）公众参与环境教育

① 公众参与机制

环境保护工作需要广泛的公众参与和支持。政府应当建立起公众参与环境保护决策的机制，促进公众对环境问题的了解和关注，并倡导公众参与环保行动。

② 环境教育与意识提升

环境保护责任的落实还需要靠全社会的环境意识提升和环境教育。政府应当加强对环境保护知识的普及和宣传，提升公众的环保意识，培养社会各界对环境保护的责任感和行动力。

第二节　环境法、资源保护法的法律原则和基本制度

环境法和资源保护法在制定和实施过程中遵循一系列法律原则和基本制度，其中包括可持续发展原则、污染防治原则和资源节约利用原则等。这些原则和制度为环境保护和资源管理提供了法律保障和指导。

一、可持续发展原则

（一）可持续发展原则的内涵

可持续发展原则是环境法和资源保护法的核心原则之一，其内涵包括以下几个方面：

1. 协调发展

协调发展是可持续发展原则的核心内容之一，它强调了经济、社会和环境三者之间的和谐与平衡。在当今社会，经济发展往往是政府和社会关注的重点之一，但仅有经济增长是远远不够的。可持续发展的理念提出了一个更为广泛的视角，认识到了经济、社会和环境之间的相互依存和影响。协调发展的核心在于实现这三者之间的平衡，以达到全面、可持续的发展目标。

第一，协调发展要求在经济增长的同时兼顾社会公正。这意味着经济的增

长应当有利于改善社会福利和公平，减少贫困，提高民生水平。单纯追求经济增长而忽视社会公正，容易导致财富分配不均、社会不稳定等问题，进而影响到整个社会的可持续发展。

第二，协调发展也要求在经济发展的过程中保护环境。经济的增长往往伴随着资源的消耗和环境污染，如果不加以控制和治理，就会对环境造成不可逆转的破坏，进而影响到人类的生存和发展。因此，实现协调发展需要在经济发展的同时采取有效的环境保护措施，减少资源的消耗，降低污染排放，保护生态系统的完整性和稳定性。

第三，协调发展还要求在社会公正和环境保护之间寻求平衡。这意味着在制定政策和规划发展方向时，要综合考虑经济、社会和环境的因素，寻找到最佳的发展路径，实现经济效益、社会公正和环境保护的统一。

2. 平衡利益

平衡利益是可持续发展原则的重要内容之一，它强调了在资源利用和环境保护中各利益主体之间的协调与平衡。这一原则不仅涉及当前利益的平衡，还包括了对未来世代利益的考虑，是可持续发展理念的重要体现。

第一，平衡利益意味着要综合考虑不同利益主体之间的关系。在资源利用和环境保护的过程中，存在着各种利益主体，包括政府、企业、社会组织、个人以及未来世代等。这些利益主体之间往往存在着利益冲突和利益共享的情况，需要通过平衡各方的利益来实现可持续发展的目标。

第二，平衡利益要求不损害任何一方的利益。在资源利用和环境保护中，往往会出现一方利益受损而另一方利益增加的情况。例如，一些资源开发项目可能会给当地居民带来经济收益，但同时也可能会对当地的生态环境造成破坏，影响居民的生活质量。因此，平衡利益要求在实现一方利益的同时，尽量减少对其他方利益的损害，实现各方利益的平衡与共赢。

第三，平衡利益还涉及对未来世代利益的考虑。可持续发展强调不应以牺牲未来世代的利益为代价来满足当前的需求。因此，在资源利用和环境保护中，需要考虑到未来世代的利益，采取长远的发展战略和措施，确保资源的可持续利用和环境的持续改善。

3. 综合考虑

综合考虑原则是可持续发展理念中的重要组成部分，它在环境法和资源保护法中扮演着至关重要的角色。这一原则要求在制定政策和方案时，不仅要考虑到经济、社会和环境的因素，还要以综合性和系统性的治理模式来实现全面、协调地发展。

第一，综合考虑经济、社会和环境的因素。在制定环境保护和资源管理政策时，需要综合考虑经济发展、社会进步和环境保护之间的关系。这意味着政策制定者不仅要考虑到经济增长带来的效益，还要兼顾社会公平和环境健康。只有在三者之间实现平衡和协调，才能实现可持续发展的目标。

第二，综合考虑要提倡综合性、系统性的治理模式。这意味着在政策和方案制定过程中，需要考虑到各种因素之间的相互作用和影响，形成系统性的解决方案。例如，在制定环境保护政策时，不仅要考虑到污染物的排放情况，还要考虑到环境承载力、社会接受程度等因素，从而制定出既能有效治理污染，又不会给经济发展和社会稳定带来负面影响的政策。

综合考虑原则的意义在于它能够促进政策的科学性和有效性。通过综合考虑各种因素，可以更好地把握问题的本质，找到解决问题的最佳路径。同时，综合考虑也能够避免单一因素导致的政策失误，确保政策的全面性和协调性。

4. 未来取向

未来取向原则是可持续发展理念中的重要组成部分，其核心在于在当前满足需求的基础上，要着眼于未来世代的利益，确保资源和环境得以可持续地利用和保护。这一原则体现了对未来发展的责任和担当，旨在为后代子孙留下一个能够持续发展的环境和资源空间。

第一，未来取向原则要求我们在发展和利用资源时考虑长远影响。传统发展模式往往偏重于眼前的经济利益，而忽视了资源的可持续利用和环境的长期影响。然而，可持续发展要求我们不仅要满足当前的需求，还要考虑到未来世代的利益，确保他们能够享受到资源的福祉和环境的优美。

第二，未来取向原则要求避免过度开发和破坏环境。资源的过度开发和环境的过度破坏不仅会导致资源枯竭和环境恶化，还会给未来世代带来巨大的负担和挑战。因此，必须在发展和利用资源时，采取有效的措施和策略，避免对环境造成不可逆转的损害，为未来留下可持续发展的条件。

第三，未来取向原则要求我们为未来世代留下可持续发展的空间和条件。这意味着我们需要制定和实施合理的资源管理政策和环境保护措施，保护好自然生态系统，确保资源的可再生和环境的健康。只有这样，我们才能够让未来的世界变得更加美好，让后代子孙继续享受到丰富的自然资源和清洁的环境。

（二）可持续发展原则的意义

可持续发展原则的确立具有以下重要意义：

1. 解决环境问题

可持续发展原则在环境法和资源保护法的制定和实施中发挥着重要作用，为解决当前的环境问题提供了有效的指导和保障。

第一，可持续发展原则要求协调发展，这意味着在解决环境问题的过程中，需要平衡经济增长、社会进步和环境保护之间的关系。通过协调各方利益，可以确保环境保护不会阻碍经济的发展，同时也能够保障社会的公正和环境的健康。

第二，可持续发展原则要求综合考虑各种因素，在制定环境政策和方案时全面考虑经济、社会和环境的因素。这种综合性的思维模式有助于找到环境问题的根本原因，并提出全面有效的解决方案。例如，针对大气污染问题，综合考虑工业生产、交通运输、能源利用等多个方面的因素，可以制定出更加综合和系统的大气污染治理方案，从而更好地解决环境问题。

第三，可持续发展原则要求兼顾当前和未来世代的利益，在解决环境问题时必须考虑到长远发展的需要。这意味着在环境保护和资源利用方面，不能只顾眼前的利益，而要考虑到未来世代的利益。通过采取可持续利用和循环利用的方式，可以减少资源的浪费和环境的破坏，为未来留下更好的生存空间。

第四，可持续发展原则要求预防为主，强调防治结合，依法治理。这种原则引导着环境法和资源保护法制定和实施相应的预防和控制措施，避免环境问题的发生和加剧。例如，建立健全的环境监测体系和排污许可制度，可以及时发现和控制污染源，有效预防环境污染。

2. 促进资源保护

促进资源保护是可持续发展原则的重要体现之一，其核心在于实现对资源的合理利用和保护，以确保资源的可持续利用，从而保护自然资源、维护生态平衡。这一原则的内涵包括多个方面的内容。

第一，促进资源保护意味着实现对资源的合理利用。合理利用资源是指在满足当前社会经济发展需求的基础上，尽可能地减少资源的浪费，提高资源利用效率。这需要采取科学规划和有效管理，制定合理的资源开发政策和措施，确保资源的合理开发和利用。

第二，促进资源保护也意味着实现对资源的保护。资源保护是指通过采取各种措施，保护自然资源的完整性和稳定性，防止过度开发和破坏。这包括建立健全的资源管理制度，加强资源开发和利用的监管，制定严格的资源保护政策和标准，保护生态系统的健康发展。

第三，促进资源保护还意味着实现资源的可持续利用。可持续利用是指在资源利用的过程中，要考虑到未来世代的利益，确保资源的长期供给和利用。这需要采取综合性的资源管理措施，注重资源的再生和循环利用，推动绿色发展和循环经济，以实现资源的可持续利用。

3.引领发展模式

可持续发展原则不仅是一种理念，更是一种引领发展的模式。在现代社会，可持续发展原则为经济和社会发展提供了方向和路径，塑造了绿色、低碳、循环等发展模式，从而推动着经济实现高质量发展、社会实现全面进步。

第一，可持续发展原则倡导绿色发展模式，即以生态环境为核心，以提高资源利用效率和减少环境污染为主要目标的发展模式。这种模式下，经济增长与环境保护实现了良性互动，通过推动绿色技术创新和产业转型升级，实现了经济增长的同时减少对环境的压力。

第二，低碳发展模式是可持续发展原则的重要体现之一，强调减少碳排放、提高能源利用效率，推动向低碳经济转型。通过发展清洁能源、推广节能减排技术等举措，实现了减缓气候变化、保护生态环境的目标，为实现经济的可持续发展奠定了基础。

第三，循环经济模式也是可持续发展原则的核心内容之一，强调资源的再生利用和循环利用，最大限度地减少资源的浪费。在循环经济模式下，通过促进废物资源化、推动产品再制造和再利用等措施，实现了资源的有效利用和循环利用，为经济的可持续发展提供了可行性路径。

4. 保障未来利益

保障未来利益是可持续发展原则的重要内容之一，其核心在于强调不仅要满足当前世代的需求，还要兼顾未来世代的利益，为后代留下更好的生存和发展条件，以确保人类与自然的可持续共存。

第一，保障未来利益意味着在当前的发展过程中，不应牺牲未来世代的利益。这就要求我们在利用资源、发展经济、规划城市等方面考虑到未来的可持续性，避免过度开发和消耗，避免造成不可逆转的环境破坏，从而确保未来世代有足够的资源和环境基础来维持其生存和发展。

第二，保障未来利益需要采取长期性、全局性的措施来实现。这包括建立健全的环境保护制度和政策，加强环境监测和评估，推动可持续发展战略的实施，以及促进科技创新和教育培训等方面的工作。这些举措不仅可以有效地减少环境污染和生态破坏，还可以为未来世代提供更多的发展机会和选择空间。

第三，保障未来利益还需要倡导人们树立长远的发展观念和责任意识。这意味着要加强公众的环境意识和教育，提高人们对可持续发展的认识和参与度，培养人们爱护环境、节约资源的习惯和行为，从而形成社会共识，推动社会朝着更加可持续的方向发展。

二、污染防治原则

（一）污染防治原则的内涵

污染防治原则作为环境法的基本原则之一，包含以下几个方面的内涵：

1. 预防为主、防治结合

预防为主、防治结合原则是环境法和资源保护法中的重要指导原则，其核心在于强调预防污染的优先性，同时将预防与治理结合起来，以实现对环境污染的有效防控。

第一，预防为主体现了环境管理的前瞻性和主动性。这一原则强调从源头上防止污染物的产生和排放，通过科学技术手段和管理措施，降低污染物的生成率和排放量，从而减少对环境的负面影响。预防污染不仅可以节约治理成本，还可以避免环境问题的发生，更好地保护环境和人类健康。

第二，防治结合体现了环境治理的综合性和系统性。虽然预防污染是首要任务，但在现实中完全消除污染是不可能的，因此需要在预防的基础上，采取治理措施对已经产生和排放的污染物进行控制和减少。这包括对污染源的监督管理、污染物的收集处理、环境修复等手段，以保证环境质量的改善和保护。

2. 依法治理

依法治理是环境保护和污染防治工作中至关重要的原则之一，它强调通过法律法规对污染行为进行规范和约束，确保环境管理和污染控制的合法性、公平性和有效性。

第一，依法治理体现了法治社会的基本特征和核心理念。在现代社会中，法律是调节社会关系、维护社会秩序的重要手段，环境保护领域也不例外。依法治理要求所有的环境保护活动都必须依据相关法律法规进行，包括环境管理、污染控制、资源利用等方面，以保证环境保护工作的合法性和稳定性。

第二，依法治理能够有效地规范和约束污染行为。通过法律法规的制定和实施，可以对污染源的排放行为进行明确的界定和规定，明确责任主体和责任范围，强化对违法行为的处罚力度，从而有效地遏制和减少污染活动的发生和扩散，保护环境的安全和健康。

第三，依法治理还能够提高环境保护工作的效率和效果。法律法规的制定和实施，可以为环境保护工作提供明确的政策依据和操作指南，指导各级政府和相关部门开展环境管理和污染防治工作，提高了环境管理和治理的科学性和系统性，有利于环境问题的及时解决和有效控制。

3. 减少污染物对环境和人体健康的危害

减少污染物对环境和人体健康的危害是环境保护和污染防治工作的重要目标之一，旨在保障环境质量和人民健康，维护生态平衡和社会稳定。这一原则的核心在于通过有效措施，减少或消除污染物对环境和人体健康造成的不利影响，从而实现环境与人的和谐共生。

第一，该原则要求控制和减少污染物的排放。针对不同的污染源和污染物种类，环境法和相关法规规定了严格的排放标准和限值，要求污染源在生产和运行过程中必须符合这些标准，控制排放量，减少对环境的污染。例如，大气污染防治法规定了各种污染物的排放标准，要求工业企业和交通运输等部门采取措施减少污染物的排放。

第二，该原则强调污染物的治理和处理。除了控制排放，还需要对已经排放到环境中的污染物进行有效的治理和处理，减少其对环境和人体健康的危害。这包括对污染源采取治理措施，如安装污染物治理设施、改善生产工艺等，以减少污染物的产生和排放；同时也包括对环境中的污染物进行监测和清理，以减少对环境的损害和污染。

第三，该原则还倡导了环境风险的评估和管理。环境风险评估是对污染物排放和环境质量影响的综合评价，通过评估污染源的潜在风险和对环境的影响，及时采取措施预防和减少可能的环境破坏和人体健康危害，确保环境质量和人民健康的安全。

4. 科学管理和有效控制

科学管理和有效控制是污染防治工作的核心要求，旨在通过科学的手段和有效的措施，实现对污染的预防和治理。这一原则的实施需要各级政府、相关部门和企业单位共同努力，采取科学管理方法和有效控制措施，以确保污染控制的科学性和有效性。

第一，污染防治原则要求对污染源进行科学监测和评估。通过建立监测网络和系统，对污染源的排放情况、污染物浓度等进行实时监测和数据收集，并进行科学评估和分析，及时了解污染状况，为制定污染防治措施提供科学依据。

第二，该原则强调制定科学的污染物排放标准。针对不同的污染源和污染物种类，需要制定合理的排放标准和限值，确保污染物排放不超过环境容量，不对环境和人体健康造成不良影响。这需要充分考虑技术水平、经济可行性等因素，确保标准科学、合理、可行。

第三，推行清洁生产技术也是实现污染防治的重要措施之一。清洁生产技术是指在生产过程中最大限度地减少污染物的生成和排放，通过技术改造和设备更新等手段，提高生产效率和资源利用率，降低环境污染和能源消耗。

（二）污染防治原则的意义

污染防治原则的确立具有以下重要意义：

1. 保护和改善环境

（1）减少污染源头

① 源头治理

污染防治原则强调从源头上减少污染物的排放，通过技术改造、清洁生产等措施，降低工业、农业和生活污染源头的排放量。

② 减少环境负荷

有效的污染防治措施可以减少环境的负荷，避免过度的环境压力，有助于维护生态系统的稳定和改善环境质量。

（2）保护生态系统

① 生态平衡维护

污染防治原则有助于保护生态系统的稳定性，减少污染对生物多样性和生态平衡的影响，从而促进生态系统的健康发展。

② 生态修复和重建

污染防治原则也包括对已经受到污染破坏的生态系统进行修复和重建，恢复其功能和生态服务能力。

2. 公众健康保障

（1）减少健康风险

① 降低污染物暴露

污染防治原则的实施可以减少人们接触有害污染物的机会，从而降低了患病和健康风险的可能性。

② 保障饮水安全

通过防止水源、空气和土壤等环境介质的污染，有助于保障公众的饮水安全和食品安全。

（2）提升环境健康意识

① 教育宣传

污染防治原则的实施需要公众的积极参与和支持，因此需要开展环境健康教育和宣传活动，提升公众对环境健康的意识和认识。

② 公众参与

公众健康与污染防治密切相关，因此需要建立起公众参与环境治理的机制，让公众更加关注环境污染问题，并积极参与环境保护行动。

3. 资源可持续利用

（1）减少资源浪费

① 循环经济模式

污染防治原则鼓励推动循环经济模式的发展，实现资源的最大化利用和循环再生，减少资源的浪费和消耗。

② 资源综合利用

污染防治原则还提倡资源的综合利用，通过资源的合理配置和利用，实现资源的可持续利用。

（2）保护生态环境

① 生态价值认识

污染防治原则的实施有助于加强人们对自然资源和生态系统的认识，提升对生态环境的尊重和保护意识。

② 生态补偿机制

为了保护生态环境，污染防治原则还包括建立生态补偿机制，对损害生态环境的行为进行补偿和修复。

4. 经济可持续发展

（1）促进绿色产业

① 技术创新

污染防治原则的实施促进了绿色技术和清洁生产技术的研发和应用，推动了绿色产业的发展。

② 节能减排

污染防治原则鼓励节能减排，降低资源消耗和能源消耗，推动了绿色低碳发展。

（2）提升环境经济效益

① 环境税收和交易

通过环境税收和排污权交易等经济手段，可以激励企业减少污染物排放，提高资源利用效率，从而实现经济可持续发展。

② 绿色金融支持

污染防治原则的实施也有助于引导绿色金融的发展，支持环保产业和项目，推动经济结构的转型升级。

5. 法治建设

（1）强化环境法制

① 法规健全

污染防治原则促进了环境法制的健全和完善，建立了一系列环境保护法律法规体系，为环境治理提供了法律依据。

② 执法力度

通过加强环境执法和监管，实施严格的环境监测和评估，推动了环境治理的法治化进程。

（2）公众参与和司法保障

① 公众参与

污染防治原则倡导公众积极参与环境保护事务，通过公众监督、举报、参与环境决策等方式，促进了环境治理的民主化和透明化。公众参与不仅可以提高环境治理的效率和透明度，还有助于加强环境保护的社会基础和合法性。

② 司法保障

污染防治原则的确立推动了环境司法制度的建设和完善。通过加大环境执法司法力度，加大对环境违法行为的打击力度，维护了环境法律的权威性和严肃性，增强了对环境违法行为的震慑效果。

三、资源节约利用原则

（一）资源节约利用原则的内涵

资源节约利用原则作为资源保护法的基本原则之一，包含以下几个方面的内涵：

1. 合理开发和有效利用

（1）资源规划与管理

资源规划与管理是资源节约利用原则的核心内容之一，其重要性在于通过科学合理地规划和有效地管理，实现资源的可持续利用和最优配置。首先，资源规划与管理需要进行全面的资源评估和分析。这包括对资源的储量、质量、分布情况以及开发潜力等进行详细调查和研究，从而全面了解资源的现状和潜在价值。在评估的基础上，制定相应的资源开发利用规划成为必要。这需要考虑到资源的特性、利用方式、环境影响等因素，科学确定资源开发的方向、规模和时间节点。其次，资源规划与管理需要强调合理配置和有效利用。这意味着在资源利用的过程中，要充分考虑各类资源之间的协调关系和替代关系，避免资源的重复开发和浪费。同时，还要优化资源利用方式，采用先进的技术和管理手段，提高资源利用效率。最后，资源规划与管理也需要注重监测和评估。这包括对资源开发利用过程中的效果和环境影响进行定期监测和评估，及时调整资源规划和管理措施，确保资源的可持续利用和环境的持续改善。

（2）技术创新与优化

技术创新与优化是实现资源有效利用的关键因素之一。在现代社会，随着资源的日益稀缺和环境污染问题的日益严重，推动技术创新成为保障资源可持续利用的必然选择。首先，技术创新可以带来生产工艺和技术装备的优化。通过引入先进的生产技术和设备，可以提高生产效率，降低资源消耗和能源消耗，从而实现资源的有效利用。其次，技术创新也是清洁生产的重要推动力量。清洁生产技术可以减少生产过程中的废物排放和污染物排放，降低对环境的损害，实现资源的可持续利用。再次，采用高效节能的生产设备，优化生产工艺流程，实现资源的最大化利用和循环利用。最后，技术创新还可以促进资源利用的多元化和复合化。随着技术的不断发展，出现了更多种类的资源利用技术和方法，如太阳能、风能等可再生能源的开发利用，以及废弃物资源的再生利用技术等。通过不断推动技术创新，可以开拓更广阔的资源利用领域，实现资源的多元化利用和优化配置。

2. 提高资源利用效率

（1）能源利用效率

能源利用效率的提高是资源节约利用原则的重要内容之一，也是实现可持续发展的关键措施之一。能源作为生产和生活的重要支撑，其利用效率直接影响到经济效益和环境质量。

第一，加强能源管理是提高能源利用效率的基础。通过建立完善的能源管理体系，包括能源统计、监测、评估和信息发布等，实现对能源的全面监管和管理。这样可以及时掌握能源使用情况，识别和分析能源利用中存在的问题，为制定有效的节能措施提供依据。

第二，技术改造是提高能源利用效率的关键手段之一。通过引进先进的能源节约技术和设备，更新落后的生产工艺和设备，提高能源利用效率，降低能源消耗和排放。例如，推广高效节能的照明设备、锅炉和发动机等，减少能源的浪费和损失。

第三，加强能源科技创新也是提高能源利用效率的重要途径。通过加大对能源科技研发的投入，推动能源技术的创新和进步，开发新型清洁能源和高效利用技术，提高能源利用效率，减少对传统能源的依赖，实现能源供给的多样化和可持续性。

（2）循环利用与再生利用

循环经济理念作为资源节约利用原则的重要组成部分，强调了资源的最大化利用和循环利用，以实现资源的持续利用和环境的可持续发展。在循环经济中，循环利用和再生利用是核心概念，通过有效的资源管理和技术手段，将废弃物转化为资源，实现废物资源化，减少资源的浪费，提高资源利用效率。

循环利用是指在生产和消费过程中，对已经使用过的产品和材料进行再加工和再利用，使其再次进入生产和消费流程。通过循环利用，可以有效延长资源的使用寿命，减少新资源的开采和利用，降低生产成本和环境压力。例如，废旧金属、塑料、纸张等物质可以通过回收再加工，制成新的产品，实现资源的循环利用，减少对自然资源的消耗。

再生利用则是指将废弃物或废弃产品中的部分或全部材料，通过加工处理或技术手段，重新转化为原始材料或新的产品，实现资源的再次利用。与循环利用相比，再生利用更加注重对废物资源的有效处理和利用。例如，废弃的纸张可以经过再生纸加工，生产成新的纸张产品，实现废物资源的再生利用，同时减少了对森林资源的砍伐。

循环利用和再生利用作为循环经济的重要环节，对于实现资源的最大化利用和减少环境污染具有重要意义。通过促进循环经济模式的发展，可以有效地解决资源短缺和环境污染等问题，推动经济社会的可持续发展。因此，加强对循环利用和再生利用的研究和实践，不仅有利于资源节约利用，也有助于构建绿色、低碳、循环的社会经济发展模式。

3. 保障资源供给的持续性和稳定性

（1）生态保护与资源可持续利用

资源节约利用原则与生态环境保护密不可分，二者相辅相成，共同促进可持续发展。在资源可持续利用的过程中，生态环境的保护和恢复是至关重要的，因为生态系统的健康与资源的供给和利用息息相关。因此，资源节约利用原则不仅强调合理开发和有效利用资源，还强调保护生态系统，维护生物多样性，以实现资源的可持续利用。

生态保护与资源可持续利用之间存在着密切的关系。首先，生态系统是资源的重要来源和载体，包括土壤、水域、森林等各种自然资源。通过保护生态系统，可以维护资源的丰富度和稳定性，延长资源的使用寿命，确保资源的可持续供给。其次，生态环境的良好状态有利于促进资源的再生和更新，为资源的可持续利用创造良好的条件。例如，通过保护湿地生态系统，可以维护水资源的供给和水质的稳定，保障水资源的可持续利用。最后，生态环境的恢复和修复还可以改善土地质量、保护植被覆盖，提升土地资源的可利用性和生产力。

同时，资源节约利用原则也为生态环境保护提供了重要支撑和指导。通过合理开发和有效利用资源，可以减少资源的过度开采和消耗，降低对生态系统的压力和破坏，有利于生态环境的稳定和改善。例如，推行清洁生产技术、加强资源循环利用等措施，可以减少对环境的污染和破坏，提高资源利用效率，实现资源的可持续利用。此外，资源节约利用还可以促进经济结构的优化升级，推动产业向绿色低碳方向转型，为生态环境的保护和改善提供了重要支撑。

（2）跨界合作与国际资源治理

资源问题已逐渐成为全球性挑战，跨越国界的合作和国际资源治理变得至关重要。在全球化和经济一体化的背景下，资源的供给、利用和管理已经超越了国家范围，需要各国共同努力来解决。资源节约利用原则提出了跨界合作和国际资源治理的重要性，以应对日益严峻的资源挑战。

第一，资源问题的全球性特征决定了跨界合作的必要性。许多资源是跨国流动的，其利用和管理往往涉及多个国家和地区。例如，水资源、森林资源、矿产资源等都存在跨国性的流动和利用。如果缺乏跨界合作和协调，容易导致资源的不合理开发和过度利用，加剧资源枯竭和环境污染问题。因此，只有通过国际合作，才能实现资源的共享、合理利用和可持续管理，从而应对全球性的资源挑战。

第二，跨界合作和国际资源治理有助于解决资源分配不均的问题。全球资源分布不均，一些国家拥有丰富的资源，而其他国家则资源匮乏。跨界合作可以促进资源的互通互补，实现资源的优势互补和共享，使资源得到更加合理和有效地利用。同时，国际资源治理可以建立公平、公正的资源管理机制，保障所有国家和地区的资源利益，避免资源垄断和不合理竞争，实现资源的公平分配和可持续利用。

第三，跨界合作和国际资源治理还可以促进全球环境保护和生态平衡。许多资源开发和利用活动可能会对环境造成严重影响，跨界性的环境污染和生态破坏问题日益突出。通过跨国合作和国际协调，可以加强对跨国企业和项目的监管和管理，推动跨国企业遵守国际环境标准和法规，减少环境污染和生态破坏。同时，国际合作还可以促进生态系统的保护和恢复，加强生物多样性的保护，实现全球生态平衡和可持续发展。

4. 从源头上控制资源消耗

（1）产业结构调整与绿色发展

资源节约利用原则鼓励进行产业结构调整，以推动绿色发展成为当今经济发展的重要方向。这种调整旨在通过改变传统的经济增长方式，减少资源密集型产业的比重，优化产业结构，从而降低资源消耗和污染排放，实现经济与环境的良性循环。

第一，产业结构调整是实现资源节约利用和环境保护的重要举措。传统的资源密集型产业往往对能源、水资源等自然资源的消耗较大，同时排放大量的污染物和温室气体，对环境造成严重影响。通过调整产业结构，减少这些资源密集型产业的比重，转向以信息技术、生物技术等为代表的高新技术产业和服务业，可以降低对资源的依赖，减少污染排放，实现资源的高效利用和循环利用。

第二，产业结构调整有助于促进经济的绿色发展。绿色发展是一种以保护生态环境和提高资源利用效率为导向的经济增长模式，注重经济增长与环境保护的协调发展。通过调整产业结构，发展绿色产业和清洁生产技术，可以实现经济增长与资源节约、环境保护的良性循环。这不仅可以提高生产效率，降低生产成本，还可以创造更多的就业机会，促进经济的可持续发展。

第三，产业结构调整也是适应国际环境变化和应对气候变化的重要举措。

随着全球环境问题日益突出，国际社会普遍呼吁转变发展方式，加快实现绿色低碳发展。调整产业结构，降低对化石能源的依赖，发展清洁能源和可再生能源产业，可以有效减少温室气体的排放，应对气候变化挑战，提升国家的国际竞争力和影响力。

（2）生活方式改变与绿色消费

个人和社会的生活方式在很大程度上决定了资源的利用方式和消耗水平。资源节约利用原则强调了个人和社会应当采取的绿色消费和生活方式改变，以减少不必要的资源消耗和浪费，从而养成节约型、环保型的生活方式。

第一，绿色消费是资源节约利用的重要方式之一。通过选择环保产品和服务，避免使用一次性物品，减少不必要的能源消耗等，个人可以在日常生活中实现资源的有效利用和节约。例如，选择能源效率高的家电产品，减少塑料袋的使用，鼓励环保交通方式等，都是绿色消费的具体体现。这些行为不仅有助于减少资源的浪费，还可以降低环境污染和生态破坏，促进可持续发展。

第二，生活方式改变也是实现资源节约利用的重要途径。个人和社会可以通过改变生活习惯和行为方式，减少资源的消耗和浪费。例如，倡导简约生活，减少奢侈消费，推广绿色出行方式，提倡低碳饮食等，都可以有效降低对资源的依赖和消耗。此外，科技的发展也为生活方式的改变提供了支持，例如通过智能家居、共享经济等新兴模式，可以实现资源的更加高效利用。

第三，绿色消费和生活方式改变不仅是个人的责任，也需要社会的共同努力和支持。政府、企业、社会组织等各方应当共同推动绿色消费和生活方式的普及和推广，加强宣传教育，建立健全的法律法规和政策措施，为个人选择绿色消费提供更多的便利和支持。同时，企业应当积极推行可持续发展战略，提供更多环保产品和服务，鼓励消费者选择绿色、低碳的生活方式。

（二）资源节约利用原则的意义

资源节约利用原则的确立具有以下重要意义：

1. 保护资源

（1）减少资源开采

资源节约利用原则的首要目标是减少资源的过度开采。过度开采不仅会导致资源枯竭，还会破坏生态环境，影响生态平衡。通过制定资源节约利用政策和法规，限制资源的开采量，可以有效保护资源的可持续利用。

（2）减少资源浪费

资源节约利用原则还要求减少资源的浪费。在生产、运输、使用和废弃等环节都存在资源浪费的问题。通过加强资源管理和监管，优化资源利用方式，推动资源的循环利用和再利用，可以有效减少资源浪费，延长资源的使用寿命。

2. 促进可持续发展

（1）实现资源可持续利用

资源节约利用原则有助于实现资源的可持续利用。通过减少资源消耗和浪费，优化资源利用方式，延长资源的使用寿命，可以保障资源供给的持续性和稳定性，推动经济社会的可持续发展。

（2）维护生态平衡和环境稳定

资源节约利用原则也有助于维护生态平衡和环境稳定。过度的资源开采和浪费会破坏生态系统，影响生物多样性，加剧环境污染和气候变化。通过保护资源、减少资源消耗和浪费，可以减缓环境恶化的趋势，维护生态环境的健康和稳定。

3. 应对资源危机

（1）面临资源供给压力

当前，全球资源供给正面临着日益加剧的压力。能源、水资源、土地等重要资源的供给不足已成为全球性问题。资源节约利用原则的确立有助于应对资源危机，通过减少资源消耗和浪费，提高资源利用效率，保障国家和人民的长期利益。

（2）增强国家抗风险能力

资源节约利用原则的实施可以增强国家的抗风险能力。当资源供给面临压力和不确定性时，资源节约利用可以降低对外部资源依赖的程度，提高国家的自给自足能力，减少外部环境的影响。

4. 促进经济增长

（1）降低生产成本

资源节约利用原则有助于降低生产成本。通过提高资源利用效率，减少资源消耗和浪费，可以降低生产成本，提高企业的竞争力，促进经济的持续增长。

（2）推动产业转型升级

资源节约利用原则还可以推动产业转型升级。在资源短缺和环境压力的背景下，企业需要加快转型升级，推广清洁生产技术和循环经济模式，实现资源的最大化利用和循环利用，推动产业向绿色、低碳、可持续方向发展。

5. 倡导绿色生活方式

（1）提升环保意识

资源节约利用原则的实施有助于提升人们的环保意识。通过倡导节约资源、保护环境的理念，引导人们形成绿色生活方式和消费习惯，减少对资源的过度消耗和破坏。

（2）促进循环经济发展

资源节约利用原则还可以促进循环经济的发展。循环经济模式强调资源的循环利用和再生利用，通过资源的再生产和再利用，实现资源的最大化利用和循环利用，促进经济的可持续发展和社会的绿色转型。

第三章　环境法律责任与监督

第一节　环境违法行为类型及法律责任

一、污染行为的分类与法律后果

（一）工业排放

工业排放是环境污染的主要来源之一，主要表现在大气污染、水污染和土壤污染等方面。

1. 大气污染

工业生产过程中产生的废气排放包括各种有害气体和颗粒物，其中二氧化硫、氮氧化物、一氧化碳等是主要的大气污染物。这些污染物经由烟囱排放至大气中，造成大气污染，导致空气质量下降，加剧雾霾天气，对人体健康和环境造成严重影响。例如，二氧化硫和氮氧化物可引发酸雨，对植被、土壤、水体等造成危害，一氧化碳可危及人类健康，导致中毒甚至死亡。

2. 水污染

工业废水中含有各种有机物、重金属和其他污染物质，排放至水体会造成水质污染。这些污染物在水中聚集并渗入水体底部，对水生生物和生态系统产生毒害，破坏水体的生态平衡。工业废水排放还会对饮用水源造成威胁，危及人类健康。特别是重金属等有毒物质的排放，可能长期积累于水体中，对生态环境造成长期损害。

3. 土壤污染

工业活动中产生的废渣和废弃物排放，以及工业设施的泄漏和事故，会导致土壤污染。受污染的土壤会影响农作物的生长，减少土壤的肥力，甚至导致土壤退化。此外，土壤中的有毒物质可能渗入地下水，进而危及饮用水安全和生态系统的稳定性。

（二）农业污染

1.化肥农药使用

（1）化肥过量使用

化肥在农业生产中被广泛使用以提高作物产量，然而，过量施用化肥会导致土壤中氮、磷等营养元素积累过多，进而引发土壤污染。这些过量的营养元素可能通过土壤流失到水体中，导致水体富营养化，影响水质，甚至引发藻类暴发，破坏水生生态系统的平衡。

（2）农药残留问题

农药在农业生产中用于防治病虫害，但是过量或不当使用会导致农药在土壤中残留。这些农药残留可能对土壤微生物造成毒害，破坏土壤生态系统的平衡。此外，部分农药也可能随着雨水流入水体，影响水质和水生生物的健康。

2.养殖废水排放

（1）养殖废水成分

养殖废水含有大量的有机物、氮、磷等养分，这些养分来源于饲料残留、动物粪便等。如果这些废水未经处理直接排放到水体中，会导致水体富营养化，促使藻类大量繁殖，引发水华，甚至造成水体缺硫，影响水生生物的存活。

（2）水体富营养化的危害

水体富营养化不仅会导致藻类大量繁殖，还可能引发藻类死亡后的腐烂，释放出大量有毒物质，对水质造成二次污染。此外，富营养化还会影响水生生物的生长和繁殖，破坏水生生态系统的平衡。

3.农业废弃物处理

（1）废弃物对环境的影响

农业废弃物如秸秆、畜禽粪便等，如果随意堆放或焚烧，会产生大量的污染物和臭气，对周围环境造成污染。焚烧废弃物会释放出大量二氧化碳、一氧化碳等气体，对大气质量和人体健康造成影响；而堆放废弃物可能渗漏出污水，污染土壤和地下水，威胁生态环境的稳定性。

（2）废弃物处理的必要性

为了减少农业废弃物对环境的污染，必须采取有效的处理措施。这包括废弃物的分类、资源化利用、有害物质的处理等。通过科学合理的废弃物处理，不仅可以减少环境污染，还能够实现资源的再利用，促进循环经济的发展。

（三）生活污水排放

1. 城市生活污水

（1）城市生活污水成分

城市生活污水主要包含大量的有机废物、化学物质和微生物。这些废物来自家庭生活、商业活动和工业生产等多个方面，包括废水、废弃物、人类粪便等。其中，有机废物和微生物是城市生活污水的主要成分，而化学物质可能来自家庭清洁用品、化妆品、药物残留等。

（2）污水排放对水环境的影响

如果城市生活污水未经处理直接排放到河流、湖泊等水体中，会对水环境造成严重影响。有机废物和微生物的大量排放会导致水体富营养化，促进藻类繁殖，引发水华现象，影响水质和水生生物的生存。此外，化学物质的排放可能导致水体中毒，影响人类饮水安全和生态平衡，甚至对水生生物的繁殖和生长造成毒害。

2. 农村生活污水

（1）农村生活污水来源

农村生活污水主要来自家庭生活和农业生产。家庭生活污水包括洗浴废水、厨房废水和人类粪便等，而农业生产污水则包括农田灌溉和农作物种植过程中产生的废水。这些污水含有大量的有机废物和营养物质，对水体和土壤的污染潜在风险较高。

（2）污水排放对环境的影响

如果农村生活污水未经处理直接排放到地表水体或地下水中，会对环境造成严重影响。有机废物的排放会降解水体水质，导致水体富营养化和水质污染，影响农作物种植和人畜饮水安全。此外，污水中的营养物质也可能导致土壤肥力下降，影响农作物的生长发育，威胁农业生产的持续性和稳定性。

二、资源浪费的认定与处罚

（一）能源浪费

1. 能源的重要性

（1）能源在社会经济中的地位

能源是支撑社会经济发展的基础资源之一，对各个领域如工业生产、交通运输、居民生活等至关重要。工业生产需要能源作为动力驱动生产设备运转，交通运输依赖能源驱动车辆行驶，居民生活则离不开能源供应，如取暖、照明等。

（2）能源资源的有限性

然而，能源资源并非取之不尽、用之不竭，其有限性日益凸显。传统能源资源如煤炭、石油等属于非可再生能源，随着不断地开采和使用，储量逐渐减少，且环境污染问题日益严重。同时，可再生能源如太阳能、风能等虽然具有可再生性，但开发利用仍面临技术和成本等挑战。

2. 能源浪费的表现形式

（1）生产环节的能源浪费

在生产方面，能源浪费主要表现为设备老化、生产工艺不合理等因素导致的能源大量消耗。工业生产过程中存在能源设备效率低下、生产过程能源损耗过多等情况，导致能源浪费现象普遍存在。

（2）生活环节的能源浪费

在生活方面，人们的消费习惯和生活方式也可能导致能源的浪费。例如，不节约用水导致水资源浪费，不合理使用电器导致电力浪费等。此外，长期以来人们对于能源的过度消费也是导致能源浪费的重要原因之一。

3. 法律责任与处罚措施

（1）法律法规对能源浪费行为的规范

《中华人民共和国节约能源法》等法律法规对能源浪费行为提出了明确规定。其要求生产单位应当遵守国家节能标准，开展能源管理，提高能源利用效率，以减少能源浪费。

（2）能源浪费行为的处罚措施

对于未达标或违规浪费能源的单位和个人，法律规定了相应的处罚措施。

责任单位和个人可能面临罚款、责令整改等处罚，以推动其改善能源利用行为。此外，政府还可以采取经济手段，如提高能源价格、实行能源税收等，对能源浪费行为进行惩罚性征税，以引导企业和个人节约能源。

（二）水资源浪费

1. 水资源的紧缺性

水资源作为人类生存和发展的基本需求，其紧缺型日益凸显，尤其在干旱地区和人口密集地区。

（1）全球水资源短缺问题的加剧

全球范围内水资源短缺问题的加剧已成为一个日益严峻的挑战，不仅仅局限于干旱地区，而且也影响了人口密集地区。这一情况的恶化主要源于人类活动对水资源的过度开采、污染和浪费。首先，随着人口的持续增长和经济的发展，对水资源的需求急剧增加，特别是工业、农业和城市供水等领域的需求增加迅速，加剧了水资源的紧张局势。其次，过度的水资源开采导致了地下水位下降和水体干涸的现象，这在许多地区尤为突出。再次，水资源的污染也是全球水资源短缺的重要原因之一。工业废水、农业污水、城市生活污水等的排放，使许多水源受到了严重的污染，大大降低了水资源的可利用性。最后，水资源的浪费也是导致水资源短缺的重要因素之一。在许多地区，由于缺乏节约用水的意识和有效的水资源管理措施，大量水资源被浪费掉，加剧了水资源供需的不平衡。因此，要解决全球水资源短缺问题，需要采取综合措施，包括加强水资源的管理和保护、推动节约用水和水资源再生利用、促进国际合作等，才能有效缓解水资源短缺带来的各种问题，实现可持续水资源利用与管理。

（2）水资源短缺对生态环境和社会的影响

水资源短缺对生态环境和社会产生了广泛而深远的影响。首先，水资源的短缺导致了生态系统的失衡和生态环境的恶化。由于水资源的不足，许多地区的地下水位下降，河流和湖泊干涸，湿地生态系统遭受破坏。这些现象导致了水生动植物栖息地的丧失和生物多样性的减少，加剧了生态系统的脆弱性，可能导致一系列生态灾害的发生。其次，水资源短缺对农业生产和食品安全产生了严重影响。农业是水资源利用的主要领域之一，水资源的短缺会导致农作物生长受限、农田灌溉困难，从而影响粮食产量和质量。这不仅会导致粮食供应不足，还可能引发粮食价格上涨和社会稳定问题。再次，水资源短缺还会对社会经济发展产生负面影响。缺乏充足的水资源会限制工业生产、能源开发和城市建设，影响经济的增长和社会的发展。最后，水资源短缺也可能导致社会不公平现象加剧，加剧贫富分化和地区发展不均衡。因此，解决水资源短缺问题，不仅是保障生态环境和生物多样性，也是实现可持续社会经济发展和促进社会公平正义的重要举措。需要加强水资源管理与保护，推动节水技术与水资源再生利用，促进国际合作与资源共享，才能有效缓解水资源短缺带来的种种问题，实现经济社会可持续发展。

2. 水资源浪费的原因

（1）农业灌溉用水的浪费

农业灌溉是全球水资源利用的主要领域之一，然而，其存在着较大程度的水资源浪费问题。这一问题主要源于以下几个方面。首先，农业灌溉中存在着水分利用率低的现象。传统的灌溉方式如引水灌溉和滴灌等虽然普遍应用，但效率并不高，大量的水分被浪费在了土壤表面或者流失到了地下水中，而并未被植物充分利用。其次，灌溉系统的老化和损坏也导致了水资源的浪费。在一些农业发达地区，存在着老化的灌溉设施，管道渗漏、水泵损坏等问题时有发生，造成了大量的水资源浪费。再次，灌溉水管理不善也是造成水资源浪费的重要原因之一。一些农民在灌溉水的使用上缺乏科学的管理和规划，常常过量灌溉或者不合理安排灌溉时间，导致了水资源的过度浪费。最后，农作物的选择和种植结构也直接影响着灌溉水的利用效率。一些耗水量大的作物被大规模种植，导致了农业灌溉用水的不合理分配和浪费。

（2）城市生活用水的浪费

城市生活用水的浪费是当前水资源浪费问题的一个重要方面。在城市居民的日常生活中，存在着诸多导致水资源浪费的行为和现象。首先，洗浴用水量过大是城市居民生活中常见的浪费现象之一。许多人在洗澡时往往使用大量的自来水，而且很少注意节约用水，导致了大量的清洁用水被浪费。其次，自来水管道漏水也是城市生活用水浪费的重要原因。由于城市水管道的老化和损坏，管道漏水问题十分普遍，据统计，全球每年因管道漏水而造成的水资源浪费惊人。再次，城市居民在日常生活中使用自来水的不经济行为也导致了水资源的浪费，如洗车时使用自来水冲洗车辆、使用自来水清洗马路和人行道等。这些行为虽然看似微小，但随着城市人口的增加和城市化进程的推进，累积起来就会造成大量的水资源浪费。水资源的浪费不仅仅是资源的浪费，更是对环境的一种破坏，同时也增加了供水压力和供水成本，对城市供水系统造成不良影响。因此，减少城市生活用水的浪费，需要加强居民的节水意识和节水行为，改善城市供水管网设施，推广节水设备和技术，以及加强对城市生活用水的管理和监管。只有通过全社会的共同努力，才能够有效减少城市生活用水的浪费，实现水资源的合理利用和可持续发展。

（3）工业生产过程中的水资源浪费

工业生产过程中的水资源浪费是当前面临的严重问题之一，其存在着多种原因和表现形式。

首先，许多工业生产过程需要大量的水作为冷却介质，用于冷却设备和机器。然而，在冷却过程中，水往往只是单纯地进行循环使用，而没有进行有效的再利用或者回收利用。冷却水经过一次使用后，因为受到污染或者温度升高等原因，就会被排放到环境中，造成了大量的水资源浪费。

其次，工业生产过程中的清洗水也是造成水资源浪费的一个重要因素。许多工业生产过程需要使用大量的清洗水来清洗设备、管道等，然而，在清洗过程中，水资源往往被使用得不够高效，部分清洗水因为污染或者其他原因无法再次利用，最终被排放出去，导致了水资源的浪费。

再次，一些工业生产过程中存在着水质要求较高的工艺流程，需要使用纯净水或者高品质的水资源。然而，许多工业企业在处理和利用水资源方面存在着技术不成熟或者设备不完善的问题，导致了水资源的浪费现象。

最后，工业生产过程中的水资源浪费还可能受到企业管理不善、节水意识不强等因素的影响。一些企业缺乏对水资源的合理管理和利用规划，缺乏水资源节约意识，导致了水资源的过度消耗和浪费。

3. 法律责任与处罚措施

（1）法律法规对水资源浪费的规范

《中华人民共和国水法》等法律法规对水资源的管理和保护提出了明确规定，要求加强水资源的保护和利用，减少水资源的浪费。各级政府部门应加强对水资源利用的监管，推动实施节水措施，减少水资源的浪费。

（2）处罚措施

针对违反水资源管理规定、滥用水资源的单位或个人，相关部门将采取相应的处罚措施。这包括罚款、限制用水、责令整改等措施，以惩治违法行为、维护水资源的合理利用。同时，政府还应通过加强宣传教育、推广节水技术等手段，提高全社会对水资源节约利用的重视程度，促进水资源的合理利用和节约。

（三）土地资源浪费

1. 土地资源的重要性和面临的挑战

土地资源作为人类生存和发展的基础资源之一，其重要性日益凸显，面临着过度开发、环境破坏和土地荒漠化等问题。

（1）土地资源的重要性

土地资源是人类社会发展的基础资源之一，其重要性体现在多个方面。

首先，土地资源是农业生产的重要基础。农业是人类最早的生产活动之一，而土地作为农业生产的物质基础，直接关系到粮食生产、农产品供给和农村经济发展。农业生产需要广阔的耕地来种植作物、养殖家禽家畜，土地的质量和肥力直接影响着农作物的产量和品质，进而影响着国民经济的发展和人民生活水平的提高。

其次，土地资源也是工业生产和城市建设的重要支撑。工业生产需要一定的用地来建设厂房、生产设备和生产基地，而城市建设需要土地来建设房屋、道路、公园等基础设施和公共服务设施。因此，土地资源的供给和质量直接关系到工业生产的规模和效率，以及城市化进程的顺利进行。

再次，土地资源还是生态系统的基础和载体。土地上的森林、草原、湿地等生态系统为维持地球生态平衡和生物多样性发挥着重要作用，土地的退化和破坏会导致生态系统的崩溃和生物多样性的丧失，对人类社会和自然环境都造成不可逆转的影响。

最后，土地资源还是自然资源的重要组成部分，其在水文循环、大气循环、生物圈等地球系统中扮演着重要角色，对地球的生态平衡和气候稳定具有重要影响。

（2）土地资源面临的挑战

土地资源作为人类社会发展的基础资源之一，面临着诸多挑战，这些挑战涵盖了多个方面，从土地的开发利用到环境保护等各个层面。

①过度开发与城市化压力

随着城市化进程的加速推进，大量土地被用于城市建设和工业开发，导致土地资源的过度开发。城市扩张不仅占用了大量耕地和生态用地，还增加了土地利用的压力，加剧了土地资源的紧缺状况。这种过度开发的现象严重影响了农业生产和生态环境的稳定性。

②土地荒漠化和退化

不合理的土地利用和过度开发导致了土地的荒漠化和退化问题。土地荒漠化是指土地逐渐沙化或退化为不毛之地的过程，常见于干旱地区和半干旱地区。土地荒漠化的发生不仅影响了土地的生产力，还加剧了水资源的匮乏和生态系统的脆弱性，给当地社会经济和生态环境带来了严重的影响。

③土地污染和环境破坏

工业生产和城市化过程中排放的废水、废气和固体废物等污染物质，会对土地和土壤造成污染，导致土壤质量下降和土地生态功能的丧失。土地污染不仅威胁着农作物的安全和品质，还会对生态系统的健康产生长期影响，给人类健康和生存带来潜在风险。

④土地资源管理的不规范和监管缺失

土地资源的管理和监管是确保土地资源合理利用和保护的关键。然而，一些地区存在着土地管理不规范、监管缺失等问题，导致了土地资源的滥用和浪费。缺乏有效的土地管理制度和监管手段，容易导致土地资源的恶性循环，进而加剧土地资源的紧张局势。

⑤气候变化对土地资源的影响

气候变化导致的极端天气事件频发和气温升高等现象，加剧了土地资源面临的挑战。极端干旱、洪涝和风暴等天气事件对土地的耕作和生产造成了严重影响，引发了土地退化和损失，进一步加剧了土地资源的紧缺情况。

2. 土地资源浪费的表现形式

（1）城市扩张导致的土地过度占用

随着城市化进程的推进，城市扩张导致大量农用地、耕地被征用，转化为建设用地。然而，部分城市建设项目存在规划不合理、土地利用效率低下等问题，导致土地资源被过度占用，形成土地浪费现象。

（2）土地资源的滥用和过度开发

在农业、工业和旅游等领域，存在着对土地资源的滥用和过度开发现象。例如，过度砍伐森林、大面积开垦荒地、大规模采矿等行为，导致了土地资源的枯竭和生态环境的恶化。

（3）农业耕地的荒废

在部分地区，由于农业生产方式落后、农村劳动力外流等原因，大量耕地处于荒废状态。这些荒废的土地资源本可以用于农业生产或生态恢复，但却因为管理不善而被浪费。

3. 法律责任与处罚措施

（1）法律法规对土地资源浪费的规范

《中华人民共和国土地管理法》等法律法规对土地资源的管理和保护提出了明确要求。要求各级政府加强土地利用规划和管理，推动土地资源的合理利用和保护，遏制土地资源的浪费现象。

（2）处罚措施

针对违反土地管理规定、滥用土地资源的单位或个人，相关部门将采取相应的处罚措施。这包括罚款、土地收回、责令整改等措施，以惩治违法行为、维护土地资源的合理利用。同时，政府还应加强对土地利用的监督和管理，推动土地资源的合理利用和保护。

第二节　环境监督体系建设与实践

一、环境监督机构的组织与职责

（一）国家级监督机构的组织与职责

在环境保护工作中，国家级监督机构如国家生态环境部门扮演着关键的角色。其组织架构和职责分工需要明确，以确保环境政策的有效执行。

1. 组织架构

国家级监督机构在环境保护工作中扮演着至关重要的角色，其组织架构的建立是确保有效管理和监督环境保护工作的关键。这一组织结构应当具备完善性和灵活性，以适应不断变化的环境挑战和监督需求。在构建国家级监督机构的组织架构时，应当考虑以下几个方面：

第一，需要设立各部门以覆盖环境保护工作的各个方面。这些部门可能包括环境政策制定部门、环境监测与评估部门、环境执法与监督部门、环境科研与技术推广部门等。通过这些部门的协同合作，可以实现对环境保护工作的全面覆盖和有效监督。

第二，各部门内部应当设立相应的职能部门，以便更好地分工合作、提高工作效率。例如，在环境监测与评估部门内部可以设立空气质量监测部门、水质监测部门、土壤质量评估部门等，以便专门负责不同环境要素的监测和评估工作。

第三，还需要建立起相应的职能机构，如环境保护委员会、专家咨询委员会等，以提供决策咨询和技术支持。这些机构可以由具有环境保护领域专业知识和经验的专家学者组成，为国家级监督机构提供科学、客观的意见和建议。

在组织架构的建立过程中，还需要充分考虑到各部门之间的协调配合和信息共享机制。建立起有效的信息管理系统和沟通渠道，可以实现对环境保护工作的及时跟踪和监督，提高监督效果和工作效率。

2. 职责分工

国家级监督机构承担着重要的职责，以确保环境政策的有效制定和执行，推动全国范围内的环境保护工作。其职责包括但不限于以下几个方面：

第一，国家级监督机构需要制定环境政策、规划和法律法规。这包括对环境保护工作的总体规划和指导方针的制定，以及相关环境法律法规的修订和完善。通过科学合理的政策和法规体系，国家级监督机构可以为环境保护工作提供明确的法律依据和操作指南，推动环境保护事业向着可持续发展的方向发展。

第二，国家级监督机构还需要协调全国范围内的环境保护工作。这包括对各地区环境保护工作的统一部署和协调安排，促进各地区之间的经验交流和资源共享。通过协调一致的行动，可以更好地解决环境保护工作中的共性问题，提高整体的工作效率和效果。

第三，国家级监督机构还负责组织开展重大环境保护项目。这包括对环境保护领域的重大工程项目和科研项目的组织筹划和实施，以解决环境问题和推动环境技术创新。通过开展重大环境保护项目，国家级监督机构可以推动环境保护工作的深入开展，促进环境保护技术和管理水平的提升。

总的来说，国家级监督机构的职责不仅在于制定环境政策、规划和法律法规，更重要的是通过协调全国范围内的环境保护工作和组织开展重大环境保护项目，推动环境保护事业的持续发展和进步。这些职责的履行不仅需要具备专业的环境保护知识和管理经验，更需要具备高度的责任感和使命感，以实现国家环境保护工作的长远目标和人民群众的根本利益。

（二）地方各级监督机构的组织与职责

地方生态环境部门在具体的地方环境监督任务中发挥着重要作用。其组织架构和职责分工也需要清晰明确。

1. 组织架构

地方各级监督机构的组织结构在地方环境监督工作中具有重要作用，其设计应当充分考虑到本地区的实际情况和环境监督的特点，以确保能够有效地开展环境监督工作。

第一，地方级监督机构的组织架构应当具备灵活性和适应性，能够根据本地区的环境保护需求和监督任务进行调整和设置。这包括根据地区的地理特点、经济发展水平、环境污染情况等因素，合理确定监督机构的职能部门和人员编制，确保能够覆盖到各个环境保护领域和监督任务的具体需求。

第二，地方各级监督机构的组织结构应当具备专业性和协调性，能够有效整合和调动本地区各方资源，形成合力推动环境监督工作的良好局面。这包括设立专门的环境监测与评估部门、环境执法与监督部门、环境保护规划与宣传部门等，以实现对本地区环境质量、环境污染源、环境政策执行情况等方面的全面监督和管理。

第三，地方各级监督机构的组织结构还应当注重信息化建设和技术支持，充分利用现代信息技术手段，提高监督工作的效率和精准度。这包括建立健全的信息管理系统和监测网络，实现对环境数据的实时监测和分析，及时发现和解决环境问题。同时，还应当加强对监督人员的培训和技术支持，提高其环境监督和执法能力，确保监督工作的科学性和规范性。

2. 职责分工

地方生态环境部门作为地方各级监督机构的重要组成部分，承担着多项关键职责，以确保本地区的环境质量得到有效保护和改善。

第一，地方生态环境部门的主要职责之一是监测和评估本地区的环境质量。这项任务涉及对空气、水质、土壤等环境要素进行定期监测和评估，以了解环境质量的变化趋势和存在的问题，为制定相应的环境保护措施提供科学依据和数据支持。通过建立健全的监测网络和数据分析体系，地方生态环境部门可以及时掌握环境质量状况，发现和解决环境问题，保障公众健康和生态安全。

第二，地方生态环境部门还负责制定本地区的环境保护规划。环境保护规划是指针对本地区环境问题和发展需求，制定出长期和中长期的环境保护目标、政策措施和行动计划，指导和规范本地区的环境保护工作。通过深入分析本地区的环境资源状况、环境压力来源和发展趋势，地方生态环境部门可以制定出科学合理、可行性强的环境保护规划，推动环境保护工作向着更加系统化和有序化的方向发展。

第三，地方生态环境部门还需要组织开展环境保护宣传教育等工作。环境保护宣传教育是通过广泛开展环境保护宣传、教育和培训活动，提高公众对环境保护的认识和意识，促进社会各界的参与和支持，共同推动环境保护工作的开展。地方生态环境部门可以组织开展各种形式的宣传活动，如环保讲座、宣传展览、环境教育活动等，向公众普及环境知识、宣传环保法律法规，引导公众树立绿色生活理念，积极参与环境保护行动，形成全社会共同推动环境保护的良好氛围。

地方生态环境部门的职责涵盖了监测评估环境质量、制定环境保护规划、组织开展环境保护宣传教育等多个方面，其工作的开展对于推动本地区的环境保护事业发展具有重要意义。通过不懈努力和持续改进，地方生态环境部门将为建设美丽宜居的生态环境作出积极贡献。

（三）独立环境监督机构和专业环保组织的作用与职责

除了政府部门外，独立的环境监督机构和专业的环保组织也在环境监督中发挥着重要作用。这些机构通常由专业人士组成，具有较高的专业水平和监督能力。他们通过独立的调查、监测和评估，为政府监督机构提供信息和建议，促进环境保护工作的开展。

1. 独立环境监督机构的作用与职责

（1）作用

独立环境监督机构在环境监督中扮演着关键的角色，其作用主要体现在以下几个方面：

① 独立监督和评估

独立环境监督机构通过独立的调查、监测和评估，可以客观地了解环境问题的真实情况。他们不受政治和经济压力的影响，能够提供独立、客观的监督报告，为环境保护工作提供重要的信息支持。

② 提供专业建议

由于独立环境监督机构通常由专业人士组成，具有较高的专业水平和监督能力，他们能够就环境保护政策、法规和措施提供专业建议。这些建议基于科学数据和经验，有助于政府监督机构制定更加科学和有效的环境保护政策。

③ 公众监督和参与

独立环境监督机构的存在可以促进公众对环境问题的监督和参与。公众对政府环境监督机构的信任度有限，而独立环境监督机构的报告和建议往往更受到公众的关注和信任，有助于引发公众对环境问题的关注和行动。

（2）职责

独立环境监督机构的职责主要包括以下几个方面：

① 环境监测和评估

独立环境监督机构负责开展环境监测和评估工作，对环境质量进行全面、系统地监测和评估。他们利用先进的监测技术和方法，收集环境数据，分析环境状况，评估环境影响，为环境保护工作提供科学依据。

② 环境事件调查和处理

当发生环境事件或问题时，独立环境监督机构负责进行调查和处理。他们对环境违法行为和污染事件进行调查，追究责任，并提出整改建议。同时，他们还可以向公众和政府部门通报事件进展情况，促使问题得到解决。

③ 政策研究和建议

独立环境监督机构还承担着对环境政策、法规和措施的研究和评估任务。他们分析环境政策的实施效果，提出改进建议，推动环境保护工作的持续改进和创新。

④ 公众宣传和教育

除了监督政府环境保护工作外，独立环境监督机构还承担着向公众宣传和教育环境保护知识的任务。他们通过举办讲座、展览、培训等活动，向公众普及环境保护理念，提高公众对环境问题的认识和关注度。

2. 专业环保组织的作用与职责

（1）作用

专业环保组织在环境保护领域发挥着重要作用，其主要作用包括：

① 代表利益和倡导

专业环保组织代表环保利益群体的利益，通过倡导环保政策和倡议，推动政府和企业改善环境管理和行为，促进环境保护事业的发展。

② 开展研究和评估

专业环保组织开展环境问题的研究和评估工作，探索环境保护的新理念、新技术和新方法，为环保政策和实践提供科学依据和技术支持。

③ 提供服务和援助

专业环保组织为政府、企业和公众提供环保服务和援助，包括环境咨询、技术支持、培训等，帮助各方更好地理解和应对环境问题。

（2）职责

专业环保组织的职责主要包括：

① 研究和策划

专业环保组织开展环境问题的研究和策划工作，深入分析环境问题的原因和影响，提出解决方案和政策建议，推动环保工作的实施和进展。

② 宣传和教育

专业环保组织通过各种宣传和教育活动，向公众普及环保知识，提高公众对环境问题的认识和关注度，促进环保意识的提升和行动的落实。

③ 监督和检查

专业环保组织对政府和企业的环保行为进行监督和检查，发现和揭露环境违法行为和污染事件，督促相关部门采取有效措施解决问题，保护公众利益和生态环境。

④ 参与和合作

专业环保组织积极参与环保项目和活动，与政府、企业、学术界和非政府组织合作，共同推动环境保护工作的开展。通过合作，整合资源，共同解决环境问题，实现可持续发展。

二、监督手段的创新与应用

（一）传统监督手段的局限性与挑战

传统的监督手段虽然在过去起到了一定的监督作用，但随着环境监督的需求不断增加和技术的进步，其局限性和挑战也逐渐显现出来。这些传统手段主要包括现场检查和抽样检测，其局限性主要表现在以下几个方面：

第一，传统的现场检查方式存在时间和空间限制。现场检查需要监督人员实地前往被监督对象的场所进行检查，这就意味着检查人员需要耗费大量的时间和精力在路途上，而且可能会受到地理位置的限制，尤其是对于较为偏远或难以进入的地区，现场检查的难度更大，效率更低。

第二，传统的抽样检测方法存在样本局限性。抽样检测通常只能对少量样本进行检测分析，而不能对整个环境系统进行全面监测。由于环境问题的复杂性和多样性，仅仅依靠有限的抽样数据很难全面了解环境质量和污染情况，容易导致监督结果的不准确性和局限性。

第三，传统监督手段也存在着人力物力资源消耗大的问题。现场检查和抽样检测需要大量的监督人员和设备投入，尤其是在对大范围、长期性的环境监督工作中，需要投入更多的人力物力资源，这对于监督机构的运行和管理带来了较大的挑战。

除了以上几点局限性外，传统监督手段还面临着信息获取和处理效率低、监督结果易受干扰等问题。信息获取主要依赖于人工收集和整理，效率低下，容易受到信息不对称和信息掩盖的影响，从而影响了监督工作的准确性和及时性；而现场检查和抽样检测的过程中，监督人员可能会受到被监督对象的阻挠或贿赂等干扰，导致监督结果的失真和不完整。

（二）现代监督手段的创新与应用

随着科技的不断发展，现代监督手段不断创新和应用，以应对环境监督的需求和挑战。

1. 卫星遥感技术

卫星遥感技术是一种基于卫星平台的遥感技术，通过利用卫星传感器获取地球表面的电磁辐射信息，并对这些信息进行处理和分析，实现对地球表面物体、地貌、地形、植被、水体等要素进行观测和监测的技术手段。在环境监督与保护领域，卫星遥感技术被广泛应用，成为一种重要的现代监督手段。

（1）卫星遥感技术的原理

卫星遥感技术基于地球表面反射、辐射、散射等物理过程，通过卫星搭载的传感器获取地球表面的电磁辐射信息，包括可见光、红外、微波等波段的辐射数据。这些数据经过传感器采集后，通过卫星通信系统传输回地面，并经过处理和分析得到各种地球表面要素的信息，如植被覆盖情况、土地利用类型、地表温度、大气污染物浓度等。卫星遥感技术的原理主要包括辐射传输模型、数据处理与解译等。

（2）卫星遥感技术的应用

卫星遥感技术在环境监督与保护领域具有广泛的应用，主要包括以下几个方面：

① 环境污染监测

卫星遥感技术可以实现对环境污染源的全方位监测和实时监控。通过监测大气、水体、土壤等环境要素的变化，可以及时发现和定位环境污染源，为生态环境部门提供重要的监测数据和决策支持。

② 自然灾害监测

卫星遥感技术可以对自然灾害如地震、火灾、洪涝等进行实时监测和评估。利用卫星影像可以快速获取受灾区域的情况，及时组织救援和灾后重建工作，减少灾害造成的损失。

③ 土地利用与覆盖监测

卫星遥感技术可以实现对土地利用与覆盖的监测和调查。通过对土地利用类型、植被覆盖程度、土地变化等进行监测分析，可以帮助政府部门科学规划土地利用、保护生态环境。

④ 资源调查与管理

卫星遥感技术可以用于资源调查与管理，包括水资源、森林资源、矿产资源等的监测和评估。通过监测资源的变化和利用情况，可以科学合理地开发利用资源，保护生态环境。

2. 大数据分析技术

大数据分析技术在环境监督中的广泛应用标志着环境保护领域的数字化转型，其对环境保护工作的推动和促进具有重要意义。

（1）大数据分析技术的原理

大数据分析技术是指利用先进的数据采集、存储、处理和分析技术，对大规模、多样化、高维度的数据进行处理和分析，挖掘数据中隐藏的信息和规律。其核心原理包括数据采集、数据存储、数据处理、数据分析和数据可视化等环节。通过这些环节的有机组合和协同作用，可以实现对海量数据的高效利用和深度挖掘。

（2）大数据分析技术在环境监督中的应用场景

① 环境质量监测

大数据分析技术可以通过收集、整理和分析大量的环境监测数据，实现对环境质量的实时监测和评估。通过监测空气质量、水质情况、土壤污染等环境指标，可以及时发现环境异常情况，预警环境风险。

② 环境事件监测与应急响应

大数据分析技术可以实现对环境事件的实时监测和识别，包括自然灾害、环境污染事件等。一旦发生环境事件，可以利用大数据分析技术快速分析事件影响范围、趋势预测，为应急响应和救援提供科学依据。

③ 环境政策效果评估

大数据分析技术可以对环境政策的实施效果进行评估。通过收集和分析环境保护政策实施后的相关数据，如环境指标变化、污染排放量等，可以客观评估政策的有效性和影响，为政策调整提供科学支持。

（三）创新监督手段带来的优势与挑战

1. 优势

（1）高效性和准确性

现代监督手段的创新使监督工作更加高效、准确。卫星遥感技术和大数据分析技术能够实现对环境的全面监控和深度分析。卫星遥感技术通过遥感卫星实现对地球表面的全方位监测，能够及时捕捉环境变化的信息；大数据分析技术则能够处理海量数据、挖掘数据背后的规律和趋势，从而为环境监督提供更准确的数据支持。

（2）实时性和及时性

现代监督手段的创新带来了监督工作的实时性和及时性。卫星遥感技术和大数据分析技术能够实时监测和分析环境数据，及时发现环境问题和变化，为生态环境部门提供快速响应和决策支持。

（3）全面性和综合性

现代监督手段能够实现对环境的全面监控和综合分析。卫星遥感技术可以覆盖广阔的地域范围，监测多种环境要素；大数据分析技术可以对多源、多维度的环境数据进行整合和分析，实现对环境问题的综合评估和分析。

2. 挑战

（1）技术成本高

现代监督手段的应用面临着技术成本高的挑战。卫星遥感技术和大数据分析技术需要大量的技术投入和设备支持，包括卫星的设计与发射、数据采集和处理设备等，这些都需要巨额的资金支持。

（2）专业人才匮乏

现代监督手段的应用需要具备高水平的专业人才支持。卫星遥感技术和大数据分析技术的应用涉及遥感技术、地理信息系统、数据分析等多个领域的知识，需要具备相关专业背景和技能的人才来进行开发和运营。然而，目前相关专业人才相对匮乏，人才供给不足成为制约现代监督手段应用的一个重要因素。

（3）信息安全和隐私保护

现代监督手段的应用也面临着信息安全和隐私保护等问题。卫星遥感技术和大数据分析技术涉及大量的数据采集、存储和传输，其中可能包含个人隐私和敏感信息。如果这些信息泄露或被滥用，将会对个人隐私和社会稳定造成严重影响。因此，如何保障信息安全和隐私保护成为现代监督手段应用中亟待解决的问题之一。

第三节　环境司法实践与案例分析

一、环境案件审理的特点与难点

（一）特点

环境案件审理具有以下特点：

1. 多方利益涉及

环境案件往往涉及不同利益主体之间的利益冲突，包括企业、政府、公众等，因此审理过程中需要平衡各方利益，保障公平公正。

2. 事实复杂

环境案件往往涉及复杂的技术、科学、经济等方面的问题，需要法官具备较高的专业水平和审理能力，以准确理解案情、判断责任。

3. 证据难以获取

环境案件涉及的事实和证据往往难以获取和确凿，包括环境数据的获取、证据的保全等问题，需要法院采取有效的调查和取证手段。

（二）难点

环境案件审理面临的主要难点包括：

1. 专业性要求高

环境案件涉及环境科学、工程技术等专业领域，对法官的专业知识和技能要求较高，需要具备一定的环境科学背景和法律专业知识。

2. 证据不足

环境案件中的环境污染问题往往难以证实，相关证据不足，如环境数据的缺失、环境监测数据的可信性等，给案件审理带来一定困难。

3. 责任认定难

环境案件中的责任认定较为复杂，涉及多方责任、间接责任等问题，需要法院对相关法律法规进行综合运用，判断责任主体及责任份额。

二、典型环境案例的分析与评价

环境公益诉讼案例反映了公众对环境保护的关注和对环境权益的维护。然而，在我国环境公益诉讼制度初步建立的背景下，仍存在一些问题需要解决。以下是对环境公益诉讼案例的分析，并提出相应的建议。

（一）环境公益诉讼的概念和特点

1. 环境公益诉讼的概念

环境公益诉讼作为一种公益诉讼制度的重要组成部分，源远流长，早在古罗马法律记载中便有显现。在古代的诉讼模式中，就已经出现了公益诉讼和私益诉讼的划分。公益诉讼是指以保护社会公共利益为目的而建立起来的诉讼机制。在公益诉讼中，原告并非直接受到利害关系影响，而是代表着社会公共利益的一方，为了维护社会共同利益而提起诉讼。与之相对应的是私益诉讼，即在当事人自身利益受到侵害时，由该特定当事人提起的诉讼。

环境公益诉讼作为公益诉讼的一种，专注于保护生态环境的公共利益。当生态环境受到损害或潜在的损害时，与案件无直接利害关系的国家机关、组织和个人可以以原告身份提起环境公益诉讼。其目的在于通过司法途径，追究破坏生态环境的行为者的法律责任，保护和恢复生态环境的健康与稳定。

从功能上看，环境公益诉讼具有事前预防和事后救济两项基本功能。事前预防功能意味着通过司法途径对可能导致生态环境破坏的行为进行阻止和制约，从源头上减少环境破坏的发生。而事后救济功能则是针对已经发生的生态环境破坏，通过司法程序追究责任，恢复受损的生态环境，为受影响的公众提供法律保护和补偿。

因此，环境公益诉讼可被定义为一种特定的国家机关、组织和个人，基于法律法规的授权，代表社会公共利益，针对破坏生态环境的行为或可能造成生态环境破坏的行为，向人民法院提起的诉讼机制。其核心在于维护生态公益，通过司法手段保护和促进生态环境的持续健康发展，实现经济社会的可持续发展目标。

2. 环境公益诉讼的特点

环境公益诉讼具有多方面的鲜明特点，这些特点反映了其作为一种特殊类型的诉讼机制所具有的独特性。

首先，环境公益诉讼的原告主体具有广泛性，不仅包括直接受到侵害的个人或组织，还包括那些与案件无直接利益关系的主体。无论原告是否直接受益，只要环境公共利益受到侵害，任何主体都有权利以原告身份提起诉讼，从而体现了环境公益诉讼的开放性和包容性。

其次，环境公益诉讼的被告对象也十分广泛，不仅包括国家机关，还包括企业、社会团体、个人等任何侵害环境公共利益的主体都可能成为被告。这种广泛的被告范围体现了环境公益诉讼的普遍性和公正性，有助于保障环境公共利益的维护和恢复。

再次，环境公益诉讼所保护的是大家的共同利益，而非个人私利。传统的公益诉讼往往着重保护被侵害者的个人利益，而环境公益诉讼的目标是保护整个社会的环境利益，包括安全的环境、清洁的空气、土壤和水源等。这种公共利益的保护，使得环境公益诉讼具有更广泛的社会意义和影响力。

最后，环境公益诉讼具有事前预防和事后救济的双重功能。除了追究责任、恢复环境等事后救济功能外，环境公益诉讼还可以通过司法手段对可能造成环境破坏的行为进行阻止和制约，从源头上减少环境破坏的发生。这种双重功能的设计，使得环境公益诉讼不仅可以纠正已经发生的环境侵害，更可以预防潜在的环境风险，从而更好地保护生态环境和公共利益。

（二）环境公益诉讼的相关案例分析

1. 案情简介

（1）ZR 之友、L 家园诉 X 某等毁坏林地案

2008 年 7 月 29 日，X 某、Z 某、N 某、J 某四人在未经相关部门批准的情况下，擅自对山地植被进行破坏，其行为涉及大面积毁坏林木，非法开采矿

石，并将大量废弃物、石块等随意丢弃，进一步加剧了植被的破坏。他们的行为造成了面积达 288.33 亩的林地植被遭受严重破坏。

2015 年 1 月 1 日，ZR 之友环境研究所（北京）和环境友好中心（福建）以环境公益诉讼的方式向人民法院提起诉讼，要求法院裁定被告四人原地恢复已破坏的植被，并赔偿相应损失 1340000 元。一审法院认定，被告四人为了开采矿石而毁坏林地，对当地植被造成了极为严重的破坏，导致林地在一定期限内丧失了环境生态功能。因此，被告四人应当共同承担相应的损失，包括恢复原有植被和赔偿损失。根据判决，被告四人需在判决生效后五个月内恢复 288.33 亩遭受破坏的林地，如果无法做到，需支付 1100000 多元的赔偿费用；此外，还需支付生态环境功能损失相关费用共计 1270000 元以及其他费用 165000 元。

在二审过程中，法院就原告主体资格问题、被告的侵权责任问题以及第三方责任问题等核心矛盾进行了深入调查和辩论，最终维持了一审法院的判决。

该案例突出了环境公益诉讼的重要性，通过法律手段维护了环境公共利益，并强调了对环境侵害者的责任和法律追责。同时，该案例也展示了法院对环境保护事业的支持和对环境犯罪行为的严惩态度，为环境保护工作树立了良好的法律示范和借鉴案例。

（2）GY 区环境保护协会诉顾绍成环境污染案

2012 年 1 月至 2013 年 2 月期间，CL 公司、JH 公司、SMK 公司、SL 公司、FA 公司、SQ 公司违反国家环境保护法律和危险废物管理规定，其生产过程中产生的废弃危险物质盐酸和硫酸，以每吨 20 至 100 元不等的价格，委托不具备相关资质的机构偷排至泰运河和古马干河，导致了严重的水体污染后果。面对这一情况，TZ 市环保联合会提起了民事环境公益诉讼。

在一审法院审理过程中，针对被告在答辩中提出的原告是否具有主体资格、被告生产的副产物是否为危险废物、鉴定书的真实性以及相关赔偿费用等问题，进行了审查和辩论。最终，法院作出如下判决：首先，要求 CL 公司等六家公司赔偿各种环境破坏的损失费用共计 160666745.11 元，用于当地的环境修复工作。其次，被告公司需在判决生效后十日内支付相关鉴定评估费 10 万元，同时缴纳案件受理费 50 元。

该案件突显了环境公益诉讼在维护环境权益和追究环境犯罪责任方面的重要性。通过民事环境公益诉讼，有效惩治了六家公司违法排放废物、造成水体污染的行为，为受损环境的修复提供了资金支持。此外，法院对被告在答辩中提出的各项争议问题进行了审慎调查和权衡，保障了审判的公正性和合法性。这一案例为类似环境污染案件的处理提供了重要的法律参考和指导，彰显了司法机构在环境保护领域的积极作用。

（3）L 某诉海南 HS 实业有限公司粉尘污染责任纠纷案

L 某诉海南 HS 实业有限公司粉尘污染责任纠纷案中，海南 HS 实业有限公司在未经相关法律许可的情况下，租赁集体土地建设环保砖厂。该砖厂的厂房紧挨着 L 某的羊圈和屋舍。砖厂在生产过程中产生粉尘、烟尘等废弃物质，L 某认为其排放不达标，严重影响了自家作物的生长，并对其山羊的成长造成了很大影响。因此，L 某向人民法院起诉，请求法院判令砖厂停止对其造成的侵害，并赔偿因此造成的各项损失，共计 53000 元。

琼山区法院受理了该案件，并基于 L 某的身份特点，对其进行了相关法律援助的引导，并免除了预交的案件受理费等。办案法官第一时间前往现场勘查、取证，并向相关部门调取了相关证据。尽管由于案件需要耗费较长时间，相关的鉴定费用也较高，但由于案件事实明确、证据充分等特点，一审法院引导原告和被告双方达成了和解。根据和解协议，海南 HS 实业有限公司一次性赔偿原告 53000 元。

案件结束后，相关环保部门加大了对 HS 实业有限公司的监管力度，并监督其完成了各项整改措施。这一案件的处理过程中，法院积极引导双方和解，充分考虑了原告的经济困难和法律援助的需要，维护了当事人的合法权益。同时，相关部门对砖厂的环保问题给予了重视，确保了环境保护工作的落实。这一案例为类似环境污染责任纠纷案件的处理提供了有益的参考，体现了法院和环保部门在环境保护领域的积极作用和责任担当。

2. 司法实践中存在的问题

在司法实践中，环境公益诉讼面临着多方面的问题和挑战，需要进一步加以解决和完善。

（1）具有环境公益诉讼原告资格的主体数目受限制。尽管我国《中华人民共和国环境保护法》（简称"环境保护法"）对环境公益诉讼的原告主体资格作出了相对宽松的规定，但参与诉讼的环保组织仍然有限。大部分环保组织处于休眠状态，其真正发挥环境公益诉讼的作用尚需进一步挖掘。

（2）有资格提起环境公益诉讼的环保组织业务能力有限。作为原告的环保组织专业化能力参差不齐，绝大部分缺乏足够的经济实力和先进的技术完成复杂的调查、取证、诉讼等事务，难以承担环保任务。

（3）举证鉴定难。环境公益诉讼中，环境损害程度的认定和成因鉴定往往关系到诉讼的成败，但环境污染的成因鉴定需要用到各种专业仪器设备，导致举证难。同时，缺乏权威的环境损害评估的司法鉴定机构，使得鉴定缺乏权威性，阻碍了案件的审理。

（4）赔偿额低。在一些环境公益诉讼案件中，法院的处罚力度不够，赔偿数额较低，难以弥补环境损害带来的严重后果，也无法对环境污染行为起到有效的惩戒和教育作用。此外，赔偿款项的使用和监管也存在问题。

（5）费用负担不明。环境公益诉讼中，有关鉴定费用的承担问题尚不清晰，是否可设立专门的基金先行垫付，判决后由诉讼失败的一方承担，以及原告是否可以减免诉讼费等问题值得探讨。

（6）专家辅助人制度等相关制度不健全。大多数环境公益诉讼是由公益诉讼组织聘请律师和专家辅助，但有些组织难以承担巨额的代理费，导致诉讼进展缓慢，不利于最大限度地发挥环境公益诉讼的预防性功能。

（三）对于完善我国环境公益诉讼制度的几点建议

1. 探索诉讼费用承担问题

要推动我国环境公益诉讼事业取得更大进展，解决好诉讼费用承担问题至关重要。根据环境公益诉讼中关于费用问题的相关规定，对于原告主张的评估费用、律师费以及其他合理费用，法院予以支持。然而，在实践中，环境公益诉讼的诉讼费用问题依然是一个重要挑战。因此，政府部门和司法机关需要根据我国的实际情况，进一步探索新的机制，以解决环境公益诉讼中的费用负担问题。

一种可能的解决方案是国家财政拨款设立环境公益诉讼基金，用于提前垫付诉讼费用。这种基金可以帮助环保组织在提起环境公益诉讼时避免因为资金问题而退缩。此外，司法机关也可以探索建立缓交诉讼费用的制度安排，即在一定条件下延迟交纳诉讼费用，以减轻环保组织的经济压力。这样的制度安排有助于降低环境公益诉讼的门槛，促进更多的环保组织积极参与到环境保护事业中来。

然而，这些解决方案的实施需要充分调研和深入探讨。政府部门和司法机关应该密切关注环境公益诉讼实践中的具体问题，根据实际情况制定相应的政策和制度安排。只有通过不断地改革和创新，才能进一步降低环境公益诉讼的成本，推动环境保护事业迈向新的高度。

2.建立"三审合一"制度

针对环境公益诉讼取证难、举证难等问题，通过对案例的分析和借鉴其他国家的实践经验，我们可以将环境公益诉讼"三审合一"，即要求行政处罚、刑事审判及民事裁判衔接。

3.宣传为主，惩处为辅

应加大环境公益诉讼的宣传力度，提高公众对环境公益诉讼的认识，努力让更多的人加入环境保护的队伍中。加大对环境渎职犯罪的惩处，建立环境渎职犯罪常态化监督机制。

4.引入虚拟治理法

引入虚拟治理法是解决环境公益诉讼中环境损害认定和环境修复评估问题的一种创新方法。通过将虚拟治理法引入到环境损害认定和环境修复评估中，可以有效提高违法者的违法成本，从而起到更好的威慑作用。在这一机制下，各种各样的"天价""巨额"环境公益诉讼损害赔偿款将被写入判决。

随着信息时代的到来，新闻媒体的舆论放大作用将进一步加剧环境公益诉讼案件的数量不断攀升。这是因为公众对环境问题的关注程度不断提高，媒体对环境公益诉讼案件的报道将会更加频繁和深入。这种舆论效应将进一步加强环境公益诉讼的效果，推动更多的环境损害者承担责任并积极参与环境修复工作。

虚拟治理法的引入还将促进环境公益诉讼制度的完善和发展。通过将环境损害认定和环境修复评估纳入虚拟治理法的范畴，可以更加科学、客观地评估环境损害的程度和修复的难度，确保环境公益诉讼的公正性和有效性。同时，虚拟治理法的引入还可以激发环保组织和公民的积极性，促进他们更加积极地参与到环境保护工作中来，共同推动生态文明建设和可持续发展的实现。

5. 探索适合环境公益诉讼的裁判规则

通过对案例的分析，在案例的判决中法院开创性地写入了"提供环境公益劳动""提供担保条件下的延迟履行""将环境污染技术改造费用向法院申请对部分赔偿款项进行抵扣"的判决事项。

6. 探索建立"第三方修复生态"机制

在环境公益诉讼中，我们必须认识到诉讼本身并非最终目的，而是为了保护环境、维护公众利益。因此，解决环境污染后的生态修复问题至关重要。针对这一挑战，我们需要探索建立"第三方修复生态"机制，将环境治理工作交由专门的环保公司来实施，以解决环境公益诉讼中的"最后一公里"问题。

这一机制的核心理念在于将环境修复工作交由专业的生态修复公司来负责，他们具有丰富的经验和专业知识，能够有效地应对不同类型的环境污染问题。这些公司可以根据实际情况开展生态修复工作，包括土壤修复、水体治理、植被恢复等方面的工作，从而全面解决环境污染带来的生态破坏问题。

在建立"第三方修复生态"机制时，需要充分考虑政府、企业和社会组织的合作。政府应该加强对生态修复公司的监管，确保其行为合法、规范，并提供必要的支持和协助。企业应该积极配合环境修复工作，承担相应的责任，并为生态修复提供必要的资源和资金支持。社会组织可以发挥监督和参与的作用，促进环境修复工作的顺利进行。

此外，建立"第三方修复生态"机制还需要明确相关的法律法规和政策支持。政府应该加强对环境修复领域的立法和政策制定，为生态修复提供法律保障和政策支持。同时，还需要建立健全的监督机制，确保环境修复工作的质量和效果。

7. 探索建立专家辅助人和社会支持起诉制度

针对我国环境公益组织专业化水平低的现状，建立专家辅助人和社会支持起诉制度具有重要意义。专家辅助人制度可以为环境公益诉讼提供专业支持和技术指导，有助于弥补环保组织在环境科学和法律方面的不足，推动环境案件的顺利进行。同时，社会支持起诉制度可以增强公众参与环境保护的积极性，促进环境公益诉讼事业的发展。

第一，建立专家辅助人制度可以提升环境公益诉讼的专业水平。专家辅助人可以是环境科学家、法律专家或其他相关领域的专业人士，他们能够为环境案件提供专业的技术支持和法律咨询，帮助环保组织充分了解案件的复杂性和专业性，从而更好地应对诉讼过程中的挑战。

第二，建立社会支持起诉制度可以拓展环境公益诉讼的参与主体。在我国，环境保护意识逐渐增强，但公众对于环境公益诉讼的了解和参与程度仍然较低。通过建立环境公益诉讼法律援助委员会等机构，可以为公众提供法律援助和支持，鼓励更多的个人和组织参与到环境保护的行动中来。这不仅可以增加环境公益诉讼的案件数量，还可以促进公众对环境保护的认识和理解，形成更加广泛的社会共识。

第三，建立专家辅助人和社会支持起诉制度还可以提升环境公益诉讼的效率和质量。专家辅助人可以帮助环保组织更加全面地分析和评估案件，提供科学依据和证据支持，从而增强诉讼的可信度和说服力。同时，社会支持起诉制度可以为环境公益诉讼提供更多的资源和支持，加快诉讼进程，提高诉讼的成功率。

8. 原告主体资格有待进一步扩展

在我国，环境公益诉讼的适格原告问题一直备受争议。确定适格主体是建立全面环境公益诉讼制度的首要任务，而当前的法律规定对此尚未有清晰的界定。根据《中华人民共和国民事诉讼法》（简称"民事诉讼法"），个人不享有环境公益诉讼主体资格，这在一定程度上限制了环境保护的广泛参与。然而，国家机关作为公益诉讼的主体在理论界得到了广泛认可，尤其是人民检察院，其维护国家利益的职能与环境保护息息相关。在现实中，环境问题不仅关乎人民生活质量，更事关国家的长远发展和安全战略。因此，人民检察院以提起环境公益诉讼的身份可以更好地发挥作用，推动环境保护事业的深入开展。

根据《中华人民共和国环境保护法》（简称"环境保护法"）的相关规定，符合条件的环保组织可以作为环境公益诉讼的适格原告，但其权利受到一定限制，不能通过诉讼谋取经济利益。这种制度设计的初衷是保障环保组织的公益性质，防止其被利益驱动而背离环境保护的初衷。然而，在实践中，环保组织的专业水平和影响力有限，其提起诉讼的效果不尽如人意，这也部分源于环保组织的操作和动机受到质疑。

在此背景下，是否应当将个人纳入环境公益诉讼的适格主体也成了讨论的焦点。作为环境污染的直接受害者，个人具有维护自己生存权益的合理诉求，同时也能够通过环境公益诉讼提高公众对环境保护的认识和参与度。因此，我认为应当建立以公民和社会组织为主体，人民检察院为辅助的环境公益诉讼模式，从而实现环境保护和可持续发展的双重目标。

在这一模式下，公民作为环境公益诉讼的适格原告将获得更多的诉讼权利，有利于促进环境案件的广泛参与和公正审判。同时，人民检察院作为法律监督机构可以为环境公益诉讼提供专业支持和法律保障，保障环境案件的公正、高效审理。这一模式的建立不仅能够更好地保护环境利益，也有助于增强公众的环保意识，推动全社会共同参与到环境保护的行动中来。

9. 污染行为保全制度的进一步落实

在在环境公益诉讼中，行为保全制度的有效落实至关重要。人民法院可以根据申请对可能导致判决难以执行或造成其他损害的行为采取保全措施。然而，近年来的司法实践表明，我国的行为保全制度并未得到充分应用，与财产保全制度相比存在明显差距，这限制了行为保全制度发挥其应有的作用。

作为环境公益诉讼的原告，应积极运用行为保全制度这一法律武器。他们可以向法院提出行为保全申请，要求对可能导致环境损害扩大或加剧的行为采取限制措施。同时，人民法院也应当承担起责任，切实加强行为保全制度的应用。在司法实践中，人民法院应根据案件具体情况，审慎决定是否采取行为保全措施，不应因为担心可能带来的责任问题而回避行为保全的适用。相反，应当根据法律规定和司法解释，果断采取行为保全措施，以有效控制可能导致环境损害的行为，防止环境问题进一步恶化。

加强行为保全制度的应用有助于防止环境污染问题的扩大和加剧，从而更好地保护生态环境。通过对被告的行为施加限制，可以有效地遏制环境破坏行为，促进环境保护工作的开展。同时，行为保全制度的落实也有助于维护环境公益诉讼的合法权益，保障其案件顺利进行和判决执行。因此，在司法实践中，必须加强对行为保全制度的理解和应用，充分发挥其在环境公益诉讼中的重要作用，为环境保护事业的推进提供有力支持。

第四章 生态环境保护法律机制研究

第一节 生态环境保护的法治理念与原则

一、生态平衡与生态系统保护

（一）生态平衡的重要性

1. 生态平衡的概念

（1）生态平衡的定义

生态平衡是指在生物体、生态系统及其环境之间保持动态平衡状态的情况。这种平衡状态是生态系统能够健康运转的基础，其中各种生物和非生物要素之间的相互作用保持着相对稳定的状态，不会出现明显的波动或失衡现象。

（2）生态平衡的构成要素

生态平衡的构成要素包括生物体、生态系统和环境。生物体是生态系统的组成部分，包括各种生物个体和物种；生态系统是生物体与环境的集合体，包括生物体、它们的生存空间以及它们相互作用的关系；环境是指生物体生存和发展的外部条件，包括自然环境和人为环境。

（3）生态平衡的动态性

生态平衡并不是一成不变的状态，而是一个动态的过程。生态系统中的生物体和环境之间的相互作用是持续不断的，因此生态平衡状态会随着时间和空间的变化而发生调整和变化，以适应外部环境的变化。

2. 生态平衡的意义

（1）维持生态系统稳定和健康

生态平衡是维持生态系统稳定和健康的基础。只有当生物体、生态系统和环境之间的相互作用保持在一定的范围内，生态系统才能够实现自我调节和自我修复，从而保持其功能和结构的完整性。

（2）保护生态环境

生态平衡的维持对于保护生态环境具有重要意义。当生态平衡被打破或遭受干扰时，生态系统可能会陷入混乱，生物种群的数量和结构可能会发生变化，甚至可能导致生态系统的崩溃。因此，维持生态平衡是保护生态环境、防止生态灾难发生的关键。

（3）维护生物多样性

生态平衡对于维护生物多样性也具有重要意义。生物多样性是生态系统的重要特征，对于维持生态系统的稳定性和功能完整性至关重要。只有在生态平衡的状态下，各种生物种群才能够在自然环境中相对平衡地共存和发展，从而保持生物多样性的丰富性。

（4）实现可持续发展

维持生态平衡是实现可持续发展的前提和基础。可持续发展要求在满足当前需求的基础上，保持生态系统的稳定和健康，以保障未来世代的生存和发展。只有在生态平衡的状态下，人类社会才能够实现与自然环境的和谐共处，实现可持续发展的目标。

（二）法律机制的建立与保障

1. 生态平衡作为法治理念的核心

（1）将生态平衡视为生态环境保护的核心概念之一

生态平衡在法治理念中扮演着至关重要的角色，它不仅是维护生态系统稳定的基础，也是保护生态环境、维护人类生存环境的关键。因此，法律应当将生态平衡作为生态环境保护的核心概念之一，明确其在环境保护中的地位和重要性。通过法律的明文规定和强调，将生态平衡确立为法治理念的核心，有助于引导社会各界对生态平衡的认识和重视，推动环境保护工作向着更加科学、规范和有效的方向发展。

（2）为生态平衡建立法治保障

生态平衡的建立和维护需要法律的有力支持和保障。因此，法律机制应当为生态平衡的实现提供必要的法治保障。这包括通过立法等手段，明确规定生态平衡的概念、原则和要求，以及相应的保护措施和处罚机制。同时，法律还应当规定相关行政部门和司法机构的责任和权限，加强对生态平衡的监督和管理，确保生态平衡的有效实现和维护。通过法治手段对生态平衡进行保障，可以有效地防止生态环境的破坏和污染，促进生态系统的健康发展，实现生态环境与人类社会的和谐共处。

2. 确立生态平衡的法治原则

（1）规定生态平衡的保护措施

为了确保生态平衡的实现，法律机制应当明确规定对生态系统的保护措施。这包括规定禁止破坏生态平衡的行为，如乱排污染、非法开垦等，以及促进生态系统的恢复和保护的措施，如生态修复、生物多样性保护等。通过明确规定这些保护措施，可以有效地防止生态环境的破坏和破坏，维护生态系统的稳定和健康发展。

（2）强化法治手段的运用

除了规定保护措施外，法律机制还应当强化法治手段的运用，确立生态平衡的法治原则。这包括加大对违法行为的处罚力度，对破坏生态平衡的行为给予严厉的法律制裁，以起到震慑和警示作用。同时，法律还应当加强对生态环境的监督和检查，及时发现和处理破坏生态平衡的违法行为，保障生态环境的稳定和健康发展。通过强化法治手段的运用，可以有效地维护生态平衡，保护生态环境的长期利益。

二、生物多样性保护与生态修复

（一）生物多样性的保护意义

1. 生物多样性的重要性

（1）多样性的维持

生物多样性涵盖了不同物种的多样性、遗传信息的多样性以及生态系统的多样性，这种多样性对于维持生态系统的稳定性和健康发展至关重要。地球上的生物种类繁多，不同物种之间相互依存、相互作用，构成了复杂而稳定的生态系统。这种多样性不仅为生态系统提供了更多的生态位和资源利用方式，也增强了生态系统的稳定性和适应性。

（2）生物多样性与人类利益

生物多样性对于人类的生存和发展具有重要意义。许多药物、食物、工业原料等都来自自然界的生物资源，生物多样性的丧失将导致这些资源的匮乏，进而影响到人类的生活和经济发展。此外，生物多样性还为人类提供了生态系统服务，如水源涵养、土壤保护、气候调节等，对维持人类的生存环境和生活质量至关重要。

2. 生物多样性的生态意义

（1）维持生态平衡

生物多样性对维持生态系统的平衡和稳定具有重要意义。不同物种之间的相互作用和相互依存，形成了复杂的生态网络，维持着生态系统的平衡。生物多样性的丧失将导致生态系统的失衡和生态功能的丧失，进而影响到生态系统的正常运转和稳定。

（2）促进生态系统的恢复和保护

生物多样性对于生态系统的恢复和保护也具有重要意义。生物多样性丰富的生态系统具有更强的适应能力和恢复能力，能够更好地应对外界环境的变化和干扰。因此，保护生物多样性不仅有利于维持生态系统的稳定性，也有利于促进受损生态系统的恢复和保护。

（二）法律机制的建设与支持

1. 制定保护生物多样性的法律规定

（1）明确保护目标和原则

为了有效保护生物多样性，法律规定应当明确保护目标和原则。这包括确定保护的对象范围，明确保护的原则和措施。例如，法律可以规定对濒危物种的保护，保护自然保护区和重要生态系统，限制或禁止破坏生物多样性的行为等。这些保护目标和原则的确立可以为生物多样性保护提供明确的法律依据和指导。

（2）规范各方行为

法律规定应当规范各方的行为，明确禁止或限制捕杀、破坏、非法贸易等对生物多样性的危害行为。例如，通过对濒危物种的保护、禁止非法狩猎和捕捞等措施，规范了人类对生物多样性的利用行为。同时，法律还可以规定对生态系统的保护和修复措施，限制土地利用和开发建设活动，减少对生物多样性的破坏。

2. 支持生态修复工作

（1）设立生态修复基金

为了支持生态修复工作的开展，法律可以设立生态修复基金，用于资助生态修复项目的实施。这些资金可以来源于政府拨款、环境保护税收、生态补偿等渠道，用于支持受损生态系统的修复和恢复工作。

（2）制定生态修复奖励政策

为了鼓励各方积极参与生态修复工作，法律可以制定生态修复奖励政策，对于取得显著成效的生态修复项目给予奖励和补助。这可以通过财政补贴、税收优惠、土地使用权等方式来实现，激励各方投入更多的资源和精力参与生态修复工作。

（3）规定生态修复要求和标准

为了保证生态修复工作的质量和效果，法律应当规定生态修复的具体要求和标准。这包括确定修复目标和指标、制定修复方案和措施、监测评估修复效果等内容，确保生态修复工作能够达到预期的环境保护和恢复效果。

第二节　生态环境保护与自然资源保护的法律机制建设

一、自然资源的合理开发与利用

（一）自然资源开发利用的法治原则

1. 资源节约利用的法治原则

（1）定义与重要性

资源节约利用是自然资源开发利用的基本法治原则之一，指在资源利用过程中最大限度地减少资源的浪费和损耗，实现资源的有效利用。这一原则对于保障资源的可持续利用和维护生态环境具有重要意义。资源的节约利用不仅可以减少资源的消耗，降低资源的开采成本，还可以减少对自然环境的破坏，促进资源的可持续利用和生态环境的可持续发展。

（2）法律机制与实施措施

在法律层面，应当通过立法和政策制定，明确规定资源节约利用的原则和要求，为资源开发利用提供法律保障。法律可以规定资源节约利用的标准和指标，要求资源开发者在资源开发利用的过程中采取节约利用的措施，减少资源的浪费和损耗。此外，法律还可以设立相应的奖惩机制，对资源节约利用行为给予奖励，对资源浪费行为给予惩罚，推动资源节约利用的实施和落实。

2.循环利用的法治原则

（1）定义与意义

循环利用是指将资源的再生利用纳入生产和消费过程中，实现资源的再次利用和循环利用的过程。这一原则对于促进资源的可持续利用和减少资源消耗具有重要意义。通过循环利用，可以最大限度地延长资源的使用寿命，减少资源的消耗，降低环境污染，实现资源的可持续利用和循环利用。

（2）法律机制与实施措施

在法律层面，应当通过立法和政策制定，明确规定循环利用的原则和要求，为循环利用提供法律保障。法律可以规定循环利用的标准和要求，要求资源开发者在生产和消费过程中充分考虑资源的再利用和循环利用，推动循环经济的发展。此外，法律还可以制定相关的激励政策，如税收优惠、财政补贴等，鼓励和支持循环利用的实施，促进资源的循环利用和可持续发展。

3.保护优先的法治原则

（1）定义与原则

保护优先原则是指在资源开发利用过程中，优先考虑保护自然环境和生态系统的原则。这一原则对于保障生态环境的完整性和稳定性具有重要意义。资源开发利用必须在保护环境的前提下进行，不能以牺牲环境为代价。保护优先原则要求资源开发者在资源开发利用的规划、设计和实施过程中充分考虑生态环境的保护需求，采取有效的措施和技术手段，最大限度地减少对生态环境的影响。

（2）法律机制与实施措施

在法律层面，应当通过立法和政策制定，明确规定保护优先的原则和要求，为资源开发利用提供法律保障。法律可以规定保护环境的标准和要求，要求资源开发者在资源开发利用的过程中始终优先保护环境，最大限度地减少对生态环境的影响。此外，法律还可以设立相应的环境保护基金，用于支持环境保护和生态修复工作，促进资源开发利用与环境保护的协调发展。

（3）法律机制的完善与落实

为了有效落实保护优先原则，法律应当建立健全的监督和管理机制，加强对资源开发利用活动的监督和管理。法律可以规定相关部门负责监督和管理资源开发利用活动的实施情况，确保资源开发者依法履行环境保护责任，保障生态环境的完整性和稳定性。同时，法律还可以规定相关部门负责对违法行为进行查处和处罚，保障法律的严肃性和权威性，维护生态环境的公共利益。

（二）监管机制的建立与加强

1. 监督和管理的重要性

自然资源的合理开发利用需要建立健全的监督和管理机制，以确保活动的合规性和有效性。监督和管理是保障资源的可持续利用和生态环境的保护的重要手段。在法治原则的指导下，监管机制应确立相应的监管部门，明确其职责和权限，以加强对各类资源开发利用活动的监督和管理。

监督部门应具备专业性和权威性，能够有效地监督和管理各类资源开发利用活动。这些部门应当拥有充足的专业知识和技能，了解资源的特性和开发利用的规律，能够对开发活动进行全面的监督和评估。同时，监督部门应当具备权威性和公正性，能够依法行使监督权力，保障监督工作的公正、公平和及时性。

监管机制还应包括监督手段的完善和监督程序的规范化。监督手段包括监测、检查、评估等多种手段，应根据资源开发利用的特点和实际情况，采取相应的监督手段，确保监督工作的科学性、规范性和有效性。监督程序应当明确规定监督工作的程序和要求，确保监督工作的程序合法、规范和有序，提高监督工作的效率和效果。

2. 责任追究的法治原则

责任追究是监管机制的重要组成部分，也是确保自然资源开发利用活动合规性和有效性的重要手段。法律应当规定资源开发利用活动的主体必须承担相应的责任，对于违反资源开发利用法律法规的行为，应当依法追究责任，对相关责任人员和单位进行处罚。

责任追究应当包括行政责任和刑事责任两个方面。行政责任主要包括行政处罚和行政处分，如罚款、责令停止违法行为等。刑事责任则主要包括刑事拘留、刑事处罚等，对于严重违法犯罪行为，应当依法追究刑事责任，维护法律的严肃性和权威性。

同时，法律还应当规定相应的责任追究程序和标准，确保责任追究工作的公正、公平和及时性。监管部门应当依法行使监督权力，对违法行为进行调查和处罚，保障资源开发利用活动的合规性和有效性。责任追究制度的建立和落实可以有效地提高监管机制的执行力和效果，促进资源开发利用与环境保护的协调发展。

二、自然生态系统的保护与修复

（一）完整性和稳定性

1. 完整性的重要性

（1）生态系统结构和功能的保持

生态系统的结构和功能的保持是生态环境保护的核心任务之一，也是法律制定的重要目标。自然生态系统的完整性体现在其结构和功能的稳定性，涉及各种生物和非生物要素之间的相互关系和相互作用。这种完整性对于维持生态系统的稳定性、健康发展以及人类的生存和发展都具有重要意义。因此，法律的制定应该着重强调保护生态系统的完整性，确保其不受严重破坏，从而维护生态系统的整体结构和功能。

第一，保护生物多样性是维护生态系统结构和功能完整性的关键。生物多样性是生态系统的重要特征之一，涵盖了不同物种的多样性、遗传信息的多样性以及生态系统的多样性。各种生物之间的相互作用和相互依存构成了复杂的生态网络，维持着生态系统的稳定和健康。因此，法律应该制定相关法规，保护生物多样性，禁止破坏生物多样性的行为，确保生态系统中各种生物之间的平衡和稳定。

第二，保护生态系统功能是维护其完整性的关键。生态系统的功能包括物质循环、能量流动、生物生长繁殖等多个方面，对维持生态系统的稳定性和健康发展至关重要。法律应当规定相关措施，保护生态系统的功能完整性，禁止破坏生态系统功能的行为，确保生态系统能够正常运行和发挥其生态功能。

第三，法律还应鼓励和支持生态系统的恢复和修复工作，对已经受到破坏的生态系统进行修复，恢复其结构和功能的完整性。修复工作应该依据科学方法和技术手段，采取有效措施，促进受损生态系统的快速修复和恢复。通过修复工作，可以逐步恢复受损生态系统的结构和功能，维护其完整性，实现生态环境的可持续发展。

（2）生态平衡的维护

生态平衡是指生态系统内各种生物和非生物要素之间相互作用的平衡状态。这种平衡状态是生态系统能够稳定运行的基础，对于维持生态系统的健康和稳定至关重要。生态平衡的维护需要法律的明确规定和有效执行，以确保生态系统内各种要素之间的相互关系得到维护，从而促进生态环境的可持续发展。

第一，法律应当明确规定禁止破坏生态平衡的行为。这包括禁止对生态系统的人为干扰、破坏和污染，如滥砍滥伐、过度开发、非法捕捞、排放污染物等行为。通过明确的法律规定，可以有效地遏制对生态平衡的破坏，保护生态系统的稳定性和健康发展。

第二，法律应当规定促进生态平衡的措施和政策。这包括采取措施保护和恢复生态系统中的关键物种和关键生境，加强生态系统的保护和管理，提高生态系统的抗干扰能力。例如，建立生态保护区、实施生态修复项目、推动生物多样性保护等措施，都有助于促进生态平衡的维护和恢复。

第三，法律还应当强调生态平衡与经济发展之间的协调。在推动经济发展的同时，必须充分考虑生态平衡的保护和维护，避免过度开发和资源消耗对生态平衡造成的不利影响。通过制定环境保护和资源利用的相关法规和政策，加强对经济活动的监管和管理，可以实现生态平衡与经济发展的良性互动，实现可持续发展的目标。

第四，法律应当强调社会各界的责任和参与。生态平衡的维护不仅是政府的责任，也需要广泛的社会参与和支持。法律应当鼓励和支持公民、企业、社会组织等各方面的积极参与，共同促进生态平衡的维护和生态环境的改善。

2. 稳定性的维护

（1）外部干扰的应对能力

生态系统的稳定性是生态系统在面对外部干扰时能够保持稳定状态的能力，是生态系统健康运行的重要保障。外部干扰可以是自然因素，如气候变化、自然灾害等，也可以是人为因素，如开发活动、污染排放等。为了提高生态系统对外部干扰的应对能力，法律的制定应重点关注以下几个方面：

第一，加强对关键物种的保护。关键物种是指对维持生态系统稳定性具有重要作用的物种，其消失或减少可能导致生态系统功能丧失或失衡。法律应当对关键物种进行明确界定，并制定相应的保护措施，包括建立保护区、禁止捕捞和狩猎、设立保护基金等，以确保其种群数量和分布不受干扰，提高生态系统对外部干扰的抵御能力。

第二，加强对关键生境的保护。关键生境是指对维持生物多样性和生态系统功能具有重要意义的生境类型，如湿地、森林、珊瑚礁等。法律应当对关键生境进行科学界定，并采取措施加强其保护，包括设立生态保护区、划定生态红线、严格控制开发活动等，以维护生态系统的完整性和稳定性，提高其对外部干扰的适应能力。

第三，加强环境监测和预警体系建设。建立健全的环境监测和预警体系，能够及时监测和评估生态系统的状态和变化，提前预警潜在的外部干扰风险，采取相应的应对措施，以减少外部干扰对生态系统的不利影响。法律应明确规定相关监测机构和责任部门，规范监测指标和评估标准，确保监测数据的准确性和可靠性，为生态系统的稳定性提供科学依据和保障。

第四，加强公众参与和社会监督。公众参与是保护生态系统的重要手段之一，能够增强社会对生态环境保护的责任感和参与意识，提高生态系统的监督和管理效果。法律应当规定相关制度和机制，鼓励公众参与生态环境保护，加强社会组织和公民的监督力量，促进政府和企业更加重视生态系统的保护和管理工作，从而提高生态系统对外部干扰的应对能力。

（2）生态系统的抗干扰能力

生态系统的抗干扰能力是指其面对外部环境变化和人为活动干扰时，能够保持相对稳定的能力。这种能力取决于生态系统内部的复杂关系和外部因素的影响程度。通过保护关键物种和关键生境，可以增强生态系统的抗干扰能力，减轻外部环境变化对生态系统的影响。以下是几种重要的保护措施，法律应规定并落实以提高生态系统的抗干扰能力：

① 保护关键物种的多样性和数量

关键物种在生态系统中担任着重要的角色，其消失或数量减少可能对整个生态系统造成严重影响。因此，法律应当规定保护关键物种，包括野生动植物、微生物等，以维持其种群的稳定和多样性。这可以通过设立自然保护区、禁止非法捕猎和捕捉、建立种群监测体系等方式实现。

② 保护关键生境的完整性和稳定性

关键生境是生态系统中特定生物群落的栖息地，对维持物种生存和繁衍具有至关重要的作用。法律应规定划定生态保护区、严格限制开发建设活动、加强环境监测和评估等措施，以确保关键生境的完整性和稳定性，从而提高生态系统对外部干扰的抵御能力。

③ 促进生态系统的自然修复能力

自然修复是生态系统在遭受外部干扰后自行恢复的能力。法律应规定加强对生态系统自然修复过程的保护和支持，包括减少人为干扰、恢复生物多样性、改善环境质量等措施，以提高生态系统自然修复能力，降低外部干扰的持续性和影响程度。

④ 加强环境监测和预警体系

建立健全的环境监测和预警体系，能够及时发现和评估生态系统的变化和风险，提前采取相应的应对措施。法律应规定加强环境监测和预警体系建设，确保监测数据的及时性、准确性和可靠性，为生态系统抗干扰能力的提升提供科学依据。

通过法律的规定和落实相关保护措施，包括保护关键物种和关键生境、促进自然修复能力、加强环境监测和预警体系等，可以有效增强生态系统的抗干扰能力，减轻外部环境变化对生态系统的影响，保障生态环境的健康发展。

（二）修复工作的支持

1. 修复责任主体的明确

在生态系统修复工作中，明确责任主体是确保修复工作顺利进行的关键。法律在这方面应当发挥重要作用，明确规定修复生态系统的责任主体，并为其提供相应的指导和支持。这涉及政府、企业和公民等各方的责任和义务，他们在不同层面、不同角色下承担着推动生态系统修复工作的重要责任。

第一，政府作为主体责任的承担者，在生态系统修复工作中起着至关重要的作用。政府在制定法律、政策和规划方面应当充分考虑生态系统修复的需求，明确修复的指导思想、目标和路径。政府部门应当建立健全的管理体制和协调机制，统筹规划和组织实施生态系统修复工作。同时，政府应当提供必要的财政资金和技术支持，推动生态系统修复工作的开展。此外，政府还应当加强对生态环境的监管和保护，加大对违法破坏生态环境行为的打击力度，确保修复工作的顺利进行。

第二，企业作为经济活动的主体，也应当承担相应的社会责任，积极参与受损生态系统的修复工作。企业在生产经营过程中往往会对生态环境造成一定程度的破坏，因此，企业有责任采取有效措施减少生态环境的损害，并为修复工作提供支持。企业可以通过改善生产工艺、节约资源、减少污染排放等方式，降低对生态环境的影响。同时，企业还可以通过捐赠资金、提供技术支持等方式，积极参与生态系统修复工作，履行社会责任，促进生态环境的改善和保护。

第三，公民作为生态环境的受益者和保护者，也应当自觉维护生态环境，积极参与生态系统的修复工作。公民应当增强生态环境保护意识，养成节约资源、保护环境的良好习惯和行为。在日常生活中，公民可以从身边的小事做起，如节约用水、减少能源消耗、垃圾分类等，为生态环境保护贡献自己的力量。此外，公民还可以通过参与环保组织、志愿者活动等方式，积极参与生态系统修复工作，为改善和保护生态环境出一份力。

2. 修复机制的建立

为了有效支持生态系统的修复工作，法律应当建立完善的修复机制，包括以下方面：

（1）修复目标的确定

在生态系统修复工作中，确定明确的修复目标是确保修复工作顺利进行和取得有效成果的关键之一。修复目标的明确定义了修复工作的方向和目的，为实施修复计划提供了科学依据和指导，从而最大限度地恢复受损生态系统的功能和结构，提高其稳定性和健康性。

第一，修复目标应当包括恢复受损生态系统的功能。受损生态系统通常会失去一些重要的功能，如水文调节、土壤保持、生物栖息地等。因此，修复目标应当明确要恢复这些功能，使修复后的生态系统能够重新拥有完整的生态功能。例如，在受污染的湿地生态系统修复工作中，修复目标可能包括恢复湿地的水质净化功能、水文调节功能和生物多样性等。

第二，修复目标还应当包括恢复受损生态系统的结构。生态系统的结构包括各种生物和非生物组成要素以及它们之间的相互关系。受损生态系统往往会导致生物多样性减少、物种丧失、生态链断裂等问题，因此，修复目标应当明确要恢复生态系统的结构，使其恢复到受损前的状态或者接近自然状态。例如，在受损的森林生态系统修复工作中，修复目标可能包括恢复植被覆盖率、重建生态链条、重建野生动物栖息地等。

第三，修复目标还应当包括提高生态系统的稳定性和健康性。生态系统的稳定性和健康性是指生态系统对外部干扰的抵抗能力和自我调节能力。受损生态系统往往会导致生态系统的稳定性和健康性下降，容易受到新的干扰影响而无法自我调节。因此，修复目标应当明确要提高生态系统的稳定性和健康性，使其能够更好地适应外部环境的变化，并具备更强的自我修复能力。例如，在受损的湿地生态系统修复工作中，修复目标可能包括提高湿地的抗洪能力、提高水质自净能力等。

（2）修复方案的制定

在生态系统修复工作中，制定科学合理的修复方案是确保修复工作顺利进行和取得有效成果的关键之一。修复方案的制定应当结合实际情况，充分考虑受损生态系统的特点和修复目标，采取科学有效的措施，推动生态系统的快速修复和恢复。

第一，修复方案的制定应当充分考虑受损生态系统的特点和修复目标。不同的生态系统受损程度和修复需求各不相同，因此，修复方案应当根据受损生态系统的具体情况确定修复目标和修复重点。例如，对于受污染的水体生态系统，修复方案可能侧重于提高水质净化能力和恢复水生生物多样性；对于受破坏的森林生态系统，修复方案可能侧重于重建植被覆盖和重建野生动物栖息地等。

第二，修复方案的制定应当采取科学有效的措施。修复工作涉及多个方面，包括土壤修复、植被恢复、水质改善、生物栖息地重建等，因此，修复方案应当根据具体情况采取相应的修复措施。这些措施可以包括生物修复、物理修复和化学修复等多种手段，结合采用以增强修复效果。例如，可以通过引入生物调控措施，如植被恢复和生物多样性保护，促进生态系统的自然修复过程；同时，也可以采用物理手段，如水土保持工程和防护林建设，防止土壤侵蚀和水土流失，加速生态系统的恢复进程。

第三，修复方案的制定应当确保符合法律法规的要求。法律应规定相关部门或专家机构负责制定修复方案，并确保方案的制定符合环境保护和生态修复的法律法规。修复方案应当充分考虑环境保护和生态安全的要求，避免可能对生态环境造成的二次污染或其他负面影响。同时，还应当加强对修复方案的监督和评估，确保修复工作按照方案要求顺利进行，取得预期的修复效果。

（3）修复资金的筹措

修复资金的筹措是实施生态系统修复工作的重要保障之一。生态系统修复需要大量的资金投入，涉及土地治理、植被恢复、水资源管理、生态工程建设等多个方面，因此，确保修复资金的充足筹措对于修复工作的顺利进行至关重要。法律应当明确规定修复资金的筹措渠道和机制，以保障修复工作的顺利实施和有效推进。

第一，政府投入是修复资金的主要来源之一。政府在生态系统修复工作中扮演着重要角色，应当加大财政投入，提供足够的资金支持。政府可以通过编制专项修复资金预算、设立生态修复专项基金等方式，确保修复资金的充足供给。此外，政府还可以采取财政补助、税收优惠等政策，吸引社会资金参与修复工作，促进修复资金的多元化筹措。

第二，企业捐赠是修复资金的重要补充来源之一。作为经济活动的主体，企业在生态系统修复中也应当承担相应的社会责任，积极参与修复工作，并为修复资金的筹措提供支持。企业可以通过捐赠资金、提供物资或技术支持等方式，为修复工作提供帮助，共同推动生态环境的改善和保护。

第三，社会资助也是修复资金的重要来源之一。社会资助可以包括来自社会各界的捐赠、基金会的资助、公益组织的支持等形式。社会资助可以有效扩大修复资金的筹措渠道，凝聚社会力量，共同参与生态系统修复工作，为生态环境的改善和保护贡献力量。

为了确保修复资金的有效筹措，法律应明确规定修复资金的管理和使用规定，加强对修复资金的监督和审计，防止资金挪用和浪费。同时，还应加强对修复工作的评估和监督，确保修复工作的实施效果和资金使用效率，为生态系统的快速修复和恢复提供制度保障和科学指导。

第三节　生态文明建设与环境监督标准化

一、生态文明理念的倡导与实践

（一）生态文明建设的重要性

1.生态环境保护的核心目标

（1）生态文明建设的概念

生态文明建设是指在经济社会发展中，将生态环境保护置于优先地位，实现人与自然和谐共生的发展理念和实践活动。它强调了在经济增长的过程中，不能以牺牲环境为代价，而是要通过环境保护来推动经济社会的可持续发展。

（2）生态环境保护的重要性

生态环境保护作为生态文明建设的核心目标之一，具有重要意义。它不仅关乎着人类的生存和发展，也关系到整个地球生态系统的稳定和健康。通过生态环境保护，可以实现资源的合理利用、生态系统的稳定运行和生物多样性的保护，从而维护地球生命的基础。

（3）经济社会可持续发展的基础

生态环境保护是实现经济社会可持续发展的基础。只有保护好生态环境，才能保障人类社会长期稳定发展的基础条件。通过生态环境保护，可以避免资源的过度开发和环境的过度污染，保障未来世代的生存和发展。

2. 法治理念与原则的体现

（1）法治的重要性

法治是现代社会的基本原则之一，是维护社会秩序和公平正义的重要保障。在生态文明建设中，法治的体现尤为重要，因为它可以规范和约束各方行为，保障生态环境保护法律法规的有效执行。

（2）法律制度的完善

为了实现生态环境保护的目标，法律制度应当不断完善，包括制定相关法律法规、建立监督机制、加大执法力度等方面。只有通过法律制度的完善，才能确保生态环境保护工作的有效开展，实现生态文明建设的目标。

（3）公众参与和宣传教育

法治还包括加强宣传教育，引导社会各界共同参与生态环境保护。通过加强对生态环境保护法律法规的宣传教育，可以提高公众对生态环境保护的重视程度，形成全社会共同推动生态文明建设的良好氛围。

（二）实践路径与推进措施

1. 立法保障

（1）制定相关法律法规

在推进生态文明建设的过程中，制定相关法律法规是立法保障的重要举措。这些法律法规旨在明确规定生态文明建设的基本原则和要求，从而为环境保护和资源利用提供法律支持和保障。

第一，《中华人民共和国环境保护法》是一项重要的法律法规，旨在明确环境保护的基本原则和政策导向。通过该法律，可以规定环境保护的基本原则，如预防为主、保护优先、全民参与、依法治理等，为生态环境保护工作提供了明确的法律依据和指导。同时，该法律还可以规定各级政府和相关部门在环境保护方面的职责和义务，明确了环境保护的责任主体和监督机制，加大了环境监管和保护的力度。

第二，通过《中华人民共和国土地管理法》《中华人民共和国水法》《中华人民共和国森林法》等相关法律法规，可以明确资源的所有权和使用权。这些法律法规规定，资源的开发利用必须符合可持续发展的原则，以促进资源的合理开发和有效利用。同时，这些法律法规还明确了资源开发利用的条件和程序，加强了对资源开发活动的监督和管理，以防止资源过度开发和浪费，保护自然生态系统的完整性和稳定性。

（2）建立环境保护责任制度

除了制定法律法规外，建立环境保护责任制度也是立法保障的重要内容之一。这一制度的建立旨在明确环境保护的主体责任和监管责任，规范各方在环境保护中的行为，加强对环境保护工作的监督和管理，从而推动生态文明建设向前发展。

第一，企业作为生产经营的主体，应当承担生态环境保护的主体责任。企业在生产经营活动中，往往会产生各种污染物和废弃物，对环境造成影响。因此，企业应当积极采取措施，减少污染物的排放，降低资源消耗，实现绿色生产和可持续发展。建立环境保护责任制度，可以规定企业必须依法履行环保手续，建立环境管理制度，承担环境保护的主体责任，确保生产经营活动符合环境保护要求。

第二，政府部门应当加强环境保护的监管责任。政府是环境保护的主要责任主体，有责任保障公众的环境权益。因此，政府部门应当建立健全的环境保护监管体系，加强对环境保护工作的组织领导和指导，制定相关政策和措施，加强对环境污染和生态破坏的监督和管理，及时处置环境事件，保障环境质量和生态安全。同时，政府部门还应当建立环境保护责任追究制度，对环境违法行为进行严厉惩处，维护环境法律法规的严肃性和权威性。

第三，公众作为环境保护的参与者，也应当积极参与环境保护，承担相应的环境保护责任。公众可以通过参与环境保护组织、开展环保宣传教育、监督环境保护工作等方式，为环境保护事业贡献力量。政府应当加强对公众环保意识的培养和引导，促进公众对环境保护的重视和参与，形成全社会共同推动生态文明建设的良好氛围。

（3）加强法律责任追究机制

加强法律责任追究机制是在生态文明建设中确保环境保护法律法规有效执

行的重要举措。该机制的建立旨在对违反环境保护法律法规的行为进行严厉处罚，以维护环境法律法规的严肃性和权威性，推动生态文明建设不断向前发展。

第一，对于环境违法行为，应当建立起严格的行政处罚机制。这包括对违法行为者实施罚款、责令停产停业等行政处罚措施。通过行政处罚手段，可以对环境违法行为者进行经济处罚，迫使其承担相应的责任，同时也起到震慑作用，防止类似违法行为再次发生。

第二，对于严重的环境违法行为，应当采取刑事处罚手段。这包括对违法行为者实施刑事拘留、刑事处罚等刑事制裁措施。通过刑事处罚手段，可以对严重违法行为者进行惩罚，维护社会秩序和公共利益，同时也起到警示作用，对潜在违法行为者起到威慑作用，有效遏制环境违法行为的发生。

第三，应当建立起严格的法律责任追究程序和标准。这包括规定责任追究的适用范围、程序要求、证据标准等方面的规定，确保责任追究工作的公正、公平和及时性。通过建立健全的法律责任追究机制，可以有效保障环境保护法律法规的严肃执行，提高违法成本，减少环境违法行为的发生。

2. 宣传教育

（1）开展环保主题宣传活动

开展环保主题宣传活动是促进生态文明建设的重要举措之一。在当前社会，人们对环境问题的认识和关注度日益提高，因此，通过宣传教育来加深公众对环境保护的认识和意识，对于推动生态文明建设具有重要意义。

政府部门可以通过多种途径和形式来开展环保主题宣传活动。

第一，举办环保知识讲座是一种有效的方式。这些讲座可以针对不同群体，从基础的环境知识到专业的环境科学，对公众进行系统的科普和宣传，加深公众对环境问题的认识和理解。同时，政府还可以通过发布环保宣传资料，如海报、手册、宣传册等，向公众传递环保知识和理念，引导公众养成环保的生活习惯和行为。

第二，组织环保主题活动也是一种有效的宣传方式。政府部门可以组织各种形式的环保活动，如环保义工活动、清洁环境行动、环保主题展览等，吸引更多的公众参与其中，让公众亲身体验到环保的重要性和乐趣，从而形成更加积极的环保态度和行为。

第三，利用新媒体平台也是推动环保宣传的重要途径。政府部门可以通过建设环保官方网站、微博、微信公众号等新媒体平台，定期发布环保资讯、案例分析、政策解读等内容，吸引更多的网民关注和参与环保话题，形成良好的网络舆论氛围。

（2）推动绿色消费和生活方式

推动绿色消费和生活方式是推动生态文明建设的重要举措之一，通过引导公众选择环保、低碳的消费和生活方式，可以有效减少资源消耗、降低环境污染，促进可持续发展。政府部门可以采取多种措施，推动社会各界共同参与绿色消费和生活方式的建设。

第一，政府可以加强对绿色产品和服务的扶持和引导。通过制定政策措施，提供财政补贴或税收优惠等激励措施，鼓励企业生产和推广绿色产品，促进市场供给的绿色化和可持续化。同时，政府还可以建立绿色产品认证制度，对符合环保标准的产品进行认证，提高消费者对绿色产品的信任度和购买意愿。

第二，政府可以加强对绿色消费的宣传和推广。通过开展宣传活动、举办绿色消费主题展览和促销活动等方式，向公众传递绿色消费理念，提高消费者对绿色消费的认知和了解。政府还可以借助新闻媒体、社交平台等渠道，扩大绿色消费的影响力，引导更多人积极参与到绿色消费中来。

第三，政府可以通过教育和培训，提升公众对绿色消费的认知水平和消费技能。开展消费者教育活动，向公众介绍绿色消费的重要性、方法和技巧，培养消费者形成绿色消费的习惯。同时，政府还可以鼓励学校和社区组织开展绿色消费教育课程和培训活动，引导青少年和社区居民养成绿色消费的意识和习惯。

第四，政府可以建立绿色消费奖励制度，对积极参与绿色消费的个人和单位给予奖励和荣誉。通过奖励制度，激发公众对绿色消费的积极性和参与度，形成社会各界共同推动绿色消费和生活方式的良好氛围。

（3）加强环保教育培训

加强环保教育培训是推动生态文明建设的重要举措之一。通过提高公众对环保知识和技能的掌握程度，可以有效增强社会对生态环境的保护意识和行动力度。政府部门可以组织开展一系列环保教育培训活动，旨在提升公众的环保意识和能力，培养更多的环保人才和志愿者，为推动生态文明建设提供人才支持和智力支持。

第一，政府可以举办环保知识普及讲座，面向广大公众开展环保知识宣传和普及工作。这些讲座可以涵盖环境污染治理、资源节约利用、生态系统保护等方面的内容，以简洁易懂的方式向大众传递环保知识，提高公众对环境问题的认识和理解。

第二，政府可以举办环保培训班，针对不同群体进行专业化的环保知识和技能培训。培训对象可以包括学生、教师、社区居民、企业员工等各个层面的人群。通过系统性的环保培训，可以提升受训者的环保意识、知识水平和技能，使其能够更加有效地参与到生态环境保护和治理工作中。

第三，政府还可以通过开展环保宣传教育活动，引导公众养成环保的良好习惯和行为。例如，组织环保志愿者服务活动、开展环境保护主题宣传周等，通过实践和互动的方式，增强公众的环保意识和责任感，促进全社会形成关心环境、爱护环境的良好氛围。

3. 组织实施

（1）制定生态文明建设规划

组织实施阶段需要制定相关的生态文明建设规划，明确生态文明建设的工作目标、任务和措施。政府部门可以结合地方的资源禀赋、生态环境状况和发展需求，制定出符合实际情况的生态文明建设规划。规划的制定需要充分调研分析、广泛征求意见，确保其科学性、可行性和针对性，为生态文明建设的组织实施提供科学依据和指导方针。

（2）加强组织协调和资源整合

为了有效推进生态文明建设工作，政府部门需要加强组织协调和资源整合。这包括建立健全的工作机制和协作机制，明确各部门的职责和任务，加强跨部门、跨地区的协作配合。同时，还需要统筹利用各种资源，包括财政资金、人力资源、科技支撑等，实现资源优势互补，提高生态文明建设工作的综合效益和整体推进力度。

（3）推动多元参与和共建共享

此外，还需要推动多元参与和共建共享的理念，广泛动员社会各界参与生态文明建设。政府部门可以与企业、社会组织、专家学者、公众等各方开展合作，共同参与生态环境保护和资源利用工作，形成多方共建、共享生态文明的良好局面。通过建立多元参与的机制和平台，可以充分发挥各方的积极性和创造力，促进生态文明建设工作的全面开展和不断深化。

二、环境监督标准化的制定与实施

（一）环境监督标准化的必要性

1. 保障监督工作的科学性和规范性

（1）清晰的监督对象要求

在环境监督标准化的制定和实施过程中，明确规定监督对象是确保监督工作有效开展的关键措施之一。监督对象指的是监管范围内的环境要素和活动，其明确要求有助于使监督工作更具针对性，从而确保监督工作的科学性和高效性。

对于环境监督标准化，首先需要明确规定监督对象的范围。这包括对哪些环境要素和活动进行监督，涵盖了环境监督的主要领域和重点方面。例如，在工业污染治理方面，监督对象可能包括工业企业的废水排放、废气排放、固体废物处理等环节。通过明确规定监督对象的范围，可以使监督工作更加有针对性，聚焦于重点领域，提高监督工作的效率和效果。

其次，明确监督对象的要求也是环境监督标准化的重要内容。监督对象的要求指的是对监督对象所涉及的环境要素和活动的具体监督要求和标准。例如，针对工业企业的废水排放，监督要求可能包括达到国家排放标准、安装使用污水处理设备、定期进行废水监测等。这些要求的明确性可以使监督工作更具操作性和实践性，指导监督人员开展具体的监督工作。

通过明确监督对象的范围和要求，可以使环境监督标准化更加具体和可操作，为监督工作提供了明确的指导和依据。这有助于监督工作的科学性和规范性，提高监督工作的有效性和实效性。同时，也有利于加强对环境污染源头和环境违法行为的监管，促进环境保护工作的顺利开展，实现生态环境的可持续发展。

（2）确定监督内容的规范性

在建立环境监督标准化的过程中，明确监督内容的规范性是确保监督工作系统性和全面性的重要措施之一。监督内容的规范性指的是监督工作应当关注的具体环境问题和监督指标，其明确性有助于提高监督工作的科学性和有效性。

首先，明确监督内容的规范有助于确定监督工作的重点和方向。通过明确规定监督内容，可以明确监督工作所关注的环境问题和监督指标，使监督工作更加有针对性和目标导向性。例如，在水污染监督方面，监督内容可以包括水质监测、水体污染物浓度、排放标准符合情况等方面。这些规范的监督内容有助于确定监督工作的重点和监督方向，从而提高监督工作的有效性和实效性。

其次，明确监督内容的规范有助于提高监督工作的全面性和系统性。监督内容的规范性要求监督工作涵盖环境问题的多个方面和多个环节，使监督工作更加全面和系统。例如，在空气质量监督方面，监督内容可以包括大气污染物的监测、工业企业排放的监督、交通尾气排放的监督等方面。这样的规范性要求可以保证监督工作全面覆盖环境问题的各个方面，从而全面了解和掌握环境状况，为环境保护提供科学依据和数据支持。

总的来说，明确监督内容的规范性有助于提高监督工作的科学性和有效性，使监督工作更加有针对性、全面性和系统性。这有助于加强对环境问题的监督和管理，促进环境保护工作的顺利开展，推动生态文明建设取得更加显著的成效。

（3）规范的监督程序要求

在环境监督标准化的过程中，规范监督程序是确保监督工作有序进行、提高监督工作效率和规范性的关键举措之一。监督程序指的是监督工作的操作流程和程序要求，包括监督人员的监督方法、监督频次、监督报告的编制等方面。明确规范监督程序有助于确保监督工作的科学性、规范性和高效性。

首先，规范监督程序有助于确保监督工作的科学性。监督程序的规范性要求监督工作按照一定的操作流程和程序要求进行，从而确保监督工作的科学性和标准化。例如，在监督人员的监督方法方面，应当明确规定监督人员应当采取的监督手段和技术方法，确保监督工作的科学性和准确性。

其次，规范监督程序有助于提高监督工作的规范性。监督程序的规范性要求监督工作按照一定的流程和要求进行，避免出现监督工作的混乱和不规范现象。例如，监督频次的规范要求可以确保监督工作按照一定的时间周期进行，避免监督工作的间断性和不连续性，保证监督工作的持续性和有效性。

最后，规范监督程序有助于提高监督工作的效率。监督程序的规范性要求监督工作按照一定的流程和要求进行，避免监督工作的冗杂和烦琐，提高监督工作的效率和执行力。例如，监督报告的编制要求可以明确规定监督报告的格式和内容，简化监督报告的编制流程，提高监督工作的效率和质量。

2. 提高监督工作的有效性

（1）确定监督机构的职责和权限

环境监督标准化的建立可以明确监督机构的职责和权限，确保监督工作的有效开展。监督机构应当具备监督环境保护的专业能力和权威性，有权对违反环境法律法规的行为进行监督和处罚。这样可以增强监督工作的权威性和有效性，提高环境保护的整体水平。

（2）加强对监督工作的指导和管理

环境监督标准化的建立还应当加强对监督工作的指导和管理，确保监督工作按照标准进行。监督机构应当制定监督工作的操作规程和标准操作流程，对监督人员进行培训和指导，提高监督工作的专业水平和执行力度。同时，监督机构应当建立监督工作的评估和考核机制，对监督工作进行定期评估和总结，及时发现问题和改进措施，提高监督工作的质量和效果。

（二）制定与实施环境监督标准化的措施

1. 标准与规范的制定

（1）环境监督标准的制定

环境监督标准的制定是确保监督工作科学规范开展的基础。针对不同的环境污染源头和行业，应制定相应的环境监督标准，明确监督的重点和目标。这些标准应包括监督对象、监督内容、监督频次等方面的要求，以确保监督工作的全面性和有效性。例如，针对工业企业的废水排放，可以制定相应的标准，规定废水排放的水质标准、监测频次、排放控制要求等。

（2）监督规范的制定

除了标准外，还应制定监督规范，明确监督工作的操作流程和程序要求。监督规范应包括监督方法、监测技术、数据分析等方面的内容，以确保监督工作的科学性和规范性。例如，对于废水监测工作，可以规定监督人员的监督方法，监测设备的使用要求，数据分析的方法等，确保监督工作的操作规范和结果可靠。

2. 监督机构的职责和权限

（1）职责范围的明确

监督机构在环境保护领域的职责范围的明确对于有效开展监督工作至关重要。这一明确性涉及监督对象、监督内容等方面，其合理性直接影响了监督工作的全面性、针对性和有效性。

首先，监督机构需要明确监督对象的范围。在环境保护领域，监督对象包括各类可能对环境产生影响的实体，例如工业企业、农业养殖场、城市污水处理厂等。这些实体可能产生废水、废气、固体废物等污染物质，对周围环境造成污染，因此监督机构需要明确对这些实体进行监督，确保它们遵守环境保护法律法规，减少环境污染。

其次，监督机构应当明确监督内容的范围。监督内容包括对监督对象的行为、操作、排放情况等方面的监督。例如，对工业企业而言，监督内容可能包括生产过程中的废气排放、废水排放、固体废物处理等方面的监督；对农业养殖场而言，监督内容可能包括养殖池的污水处理、饲料使用情况等方面的监督。明确监督内容的范围有助于监督机构更好地把握监督重点，确保监督工作的有效开展。

最后，在明确监督职责范围的基础上，监督机构还应当建立健全的监督制度和工作流程。这包括建立监督计划、制定监督标准、开展监督检查、采取监督措施等方面的工作。通过建立规范的监督程序和操作流程，监督机构可以更加有序地开展监督工作，确保监督工作的科学性、规范性和有效性。

（2）权限边界的界定

监督机构在履行环境保护监督职责时，必须明确其监督权限的界定，以确保职权的合法行使和监督工作的有效开展。这一权限边界的明确定义是防止滥用职权、确保监督工作的规范性和有效性的重要举措。

第一，监督机构应当根据相关法律法规，明确其监督权限的范围。这包括对监督对象的范围、监督内容的范围以及监督手段的范围等方面。例如，在环境保护领域，监督对象可能涉及工业企业、农业养殖场等，监督内容可能包括废气排放、废水排放、固体废物处理等，监督手段可能包括监督检查、监督执法等。明确定义监督权限的范围有助于监督机构依法依规开展监督工作，避免职权的滥用或者不当行使。

第二，监督机构需要建立健全的内部管理制度和工作流程，以确保监督工作的规范性和有效性。这包括制定监督工作操作规程、建立监督工作档案管理制度、开展监督人员培训等方面。通过建立规范的内部管理制度和工作流程，可以提高监督工作的执行力和效果，确保监督工作的科学性、规范性和有效性。

第三，监督机构还应当加强对监督工作的指导和管理。这包括对监督人员的日常监督和考核、对监督工作的定期评估和总结等方面。通过加强对监督工作的指导和管理，可以及时发现和解决监督工作中存在的问题和困难，提高监督工作的质量和效率。

总之，监督机构在履行监督职责时，必须明确其监督权限的范围，建立健全的内部管理制度和工作流程，加强对监督工作的指导和管理，以确保监督工作的规范性和有效性，维护环境保护法律法规的严肃性和权威性，促进环境保护工作的顺利开展。

第五章　现代环境资源合规管理与节约利用的法律框架

第一节　现代环境资源保护的法律规范与框架

一、资源开发利用的法律规范

现代环境资源保护的法律框架必须包含对资源开发利用的严格规范。这些规范涵盖了从资源勘探到开发利用的各个环节，旨在确保资源的合理开发和利用，同时最大限度地减少对环境的影响。法律规范可能包括但不限于以下几个方面：

（一）资源勘探与评估

现代法律框架对资源勘探与评估提出严格要求，旨在确保资源的开发利用不会对环境造成不可逆转的损害。资源勘探阶段是确定资源储量和分布的关键阶段，因此法律规范包括：

1. 勘探许可

现代法律框架对资源勘探活动实施了严格的许可制度，以确保仅有合格的企业能够进行勘探活动，从而避免不必要的资源浪费和环境破坏。具体包括：

（1）许可申请流程

法律规定了资源勘探许可的申请程序，包括提交勘探计划、技术方案、环境影响评价报告等相关文件，并经相关部门审批批准后方可开展勘探活动。

（2）资格要求

法律明确了从事资源勘探活动的企业必须具备的资质条件，包括技术实力、经济实力、环境保护能力等，以确保勘探活动的科学性和可行性。

（3）许可期限与监管

许可期限一般为有限期，法律规定了许可期满后需要重新审批或续展许可，同时对勘探活动实施监管，确保其符合法律法规和环境保护要求。

2. 环境影响评价

在资源勘探前，法律要求进行环境影响评价（Environmental Impact Assessment，EIA），评估勘探活动可能对周边环境造成的影响，并提出相应的环境保护措施。具体内容包括：

（1）评价范围

环境影响评价应当覆盖勘探活动可能影响到的环境要素，如土壤、水体、生态系统、人类健康等，确保评价的全面性和科学性。

（2）评价方法

法律规定了环境影响评价的方法和标准，包括现场调查、数据分析、模拟预测等，以科学评估勘探活动可能产生的环境影响。

（3）环境保护措施

基于评价结果，法律要求勘探企业采取相应的环境保护措施，包括减少生态破坏、防止水土流失、保护生物多样性等，确保勘探活动符合可持续发展的要求。

3. 勘探技术规范

资源勘探活动应符合一定的技术规范和标准，以减少对环境的干扰和破坏，确保勘探活动的科学性和安全性。具体内容包括：

（1）勘探方法

法律规定了资源勘探应采用的科学方法和技术，包括地质勘探、地球物理勘探、化学分析等，以确保勘探数据的准确性和可靠性。

（2）勘探区域选择

法律要求在勘探活动中合理选择勘探区域，避免选择生态脆弱区域或敏感生态系统，最大限度地减少对环境的影响。

（3）勘探设备使用

法律规定了勘探设备的选择和使用标准，包括设备技术性能、排放标准、安全措施等，以确保勘探活动的安全性和环保性。

（二）环境影响评价

环境影响评价是资源开发前的必要程序，旨在评估开发项目可能对环境造成的影响，并提出预防和控制污染的措施。法律框架包括：

1. 法定评价程序

环境影响评价是在资源开发前的必要程序，其程序和要求由法律框架明确规定，以确保评价结果的客观、科学和可靠。具体包括：

（1）评价范围

法律规定了进行环境影响评价的范围，通常涵盖了项目可能影响到的环境要素，如土壤、水体、空气质量、生物多样性等。

（2）评价内容

法律要求对项目可能产生的各项环境影响进行全面评估，包括直接影响和间接影响，如土地利用变化、水资源利用、废水排放、噪音、景观变化等。

（3）评价方法

法律规定了进行环境影响评价的方法和标准，包括定性评价、定量评价、模型模拟等，以确保评价过程科学可靠。

2. 公众参与

法律框架明确规定了公众在环境影响评价过程中的参与权利和程序，以保障公众的知情权和参与权。具体包括：

（1）信息公开

法律要求开发单位向公众公开项目的环境影响评价信息，包括评价报告、评价公告、相关数据等，确保公众能够了解项目的环境影响情况。

（2）听证会

在评价过程中，法律规定了举行听证会的程序，邀请公众、利益相关方和专家学者就评价报告内容提出意见和建议，以充分听取各方意见。

（3）公众意见征询

法律要求开发单位对公众提出的意见和建议进行认真考虑和回应，可以通过公众咨询会、网络平台等形式进行意见征询。

3. 环境保护措施

根据评价结果，法律要求开发单位采取必要的环境保护措施，以减轻或避免项目对环境造成的负面影响，保障生态环境的稳定和可持续发展。具体包括：

（1）污染物排放控制

法律要求制定严格的排放标准和控制要求，对污染物排放进行监管和管理，确保不超过环境容量和标准。

（2）生态修复

对于可能造成生态破坏的项目，法律要求开发单位采取生态修复措施，如植树造林、湿地恢复等，以恢复受影响的生态系统功能。

（3）环境监测

法律要求建立健全的环境监测体系，对项目实施后的环境状况进行监测和评估，及时发现和纠正环境问题，保障环境质量。

（三）开发许可与监管

资源开发项目需要获得政府颁发的开发许可，并受到相关监管部门的监督和管理，以确保项目符合法律法规的要求，包括：

1. 许可申请程序

资源开发项目必须按照法律规定程序获得政府颁发的开发许可，以确保项目在符合法律法规的前提下进行开发。具体包括：

（1）申请资料准备

开发单位需准备项目可行性研究报告、环境影响评价报告等相关资料，并确保资料的真实性和完整性。

（2）申请递交

开发单位按照规定的程序将许可申请资料递交给相关监管部门，包括填写申请表格、提交相关文件等。

（3）审批程序

监管部门对申请资料进行审核，并依据法律法规和相关标准进行审批，审批结果通常包括许可、拒绝或者要求修改等。

2. 监管责任

监管部门负责对开发项目进行全程监管，以确保项目建设、运营和关闭阶段的环境管理符合法律法规和许可条件。具体包括：

（1）项目建设监管

监管部门对项目建设过程中的环境保护措施进行监督和检查，确保建设活动符合许可条件和环保要求。

（2）项目运营监管

监管部门对项目运营期间的环境影响进行监测和评估，及时发现和处理环境问题，确保环境质量得到有效保护。

（3）项目关闭监管

监管部门对项目关闭和废弃阶段的环境管理进行监督和指导，确保项目关闭过程中的环境恢复和修复工作得到落实。

3. 处罚机制

针对违反许可条件和环保规定的行为，法律规定了相应的处罚措施，以保障环境保护责任的落实。具体包括：

（1）罚款

对违规行为可以处以罚款，罚款金额根据违规程度和损害程度确定。

（2）停工整顿

对严重违规或造成重大环境损害的项目，可以采取停工整顿措施，暂停项目建设或运营。

（3）责令关闭

对严重违规或无法满足环保要求的项目，监管部门有权责令其关闭并整治，直至符合相关规定。

（四）资源税收政策

资源税收政策是调节资源开发利用的重要手段，旨在通过税收手段引导资源的合理开发和利用，法律框架包括：

1. 资源税种类

资源税收政策涉及不同类型资源的征税对象和税率，以引导资源的合理开发和利用。具体包括：

（1）矿产资源税

针对采矿业等行业，征收资源税，根据不同矿种、开采方式和资源量等因素确定税率，以约束资源开发行为。

（2）水资源费

针对水资源的利用，征收水资源费，根据水资源使用量、水质情况和供需关系等确定费率，以促进水资源的节约和合理利用。

（3）林木资源税

针对森林资源的利用，征收林木资源税，根据森林类型、面积、采伐量等确定税率，以保护森林资源和生态环境。

2. 税收优惠政策

为鼓励符合环保标准和节约资源的开发项目，法律可能实施税收优惠政策，包括：

（1）减免税收：对采取节能环保措施或实施资源综合利用的企业，给予税收减免或减免税款一定比例。

（2）税收抵免：对于投资于环境保护设施建设或资源循环利用项目的企业，允许其将相关投资额度抵免应缴的资源税额度。

（3）税收补贴：对于开发和利用新能源、清洁能源的项目，可能给予一定期限内的税收补贴，以鼓励可再生资源的利用和开发。

3. 税收管理机制

为确保资源税收政策的有效实施和公平征收，法律规定了相应的税收管理机制，包括：

（1）纳税申报程序：规定了资源开发企业应按时、按规定向税务部门申报纳税信息和数据。

（2）税款征收方式：规定了资源税的征收方式和计算方法，通常采取按月、季度或年度纳税的方式。

（3）税收监督：设立专门部门对资源税的征收和管理进行监督，加大税务部门的监督和执法力度，防止逃税和偷漏税行为的发生。

二、环境保护管理的法律框架

现代环境保护管理的法律框架应该是综合性的，涵盖了对各类污染源头和环境问题的监管和管理。这一法律框架通常包括以下几个方面。

（一）污染物排放控制

现代环境保护管理的法律框架首先聚焦于对各类污染源头的排放控制，以确保环境质量的稳定和提升。

1. 排放标准制定

现代法律框架通过制定严格的排放标准，针对不同行业和污染源头，限制污染物的排放量和浓度，以保护环境质量。具体包括：

（1）大气排放标准

针对工业、交通、生活等各类排放源，法律规定了废气中各种污染物的排放限值，如二氧化硫、氮氧化物、颗粒物等，以及对特定行业的特殊要求。

（2）水体排放标准

针对工业废水、农业排污、城市污水等排放源，法律规定了废水中各类污染物的排放标准，包括重金属、有机物、氮、磷等，以及对水质的各项指标要求。

（3）固体废物排放标准

针对固体废物的处理和处置，法律规定了不同类型废物的处理方式、处置标准和要求，以确保废物处理过程不对环境造成二次污染。

2. 排放管控措施

法律要求相关企业和单位采取一系列的污染防治措施，以减少污染物的排放，包括以下三个方面。

（1）污染治理设施：规定企业必须安装适当的污染治理设施，如烟气脱硫装置、废水处理设备等，以降低排放浓度和排放量。

（2）清洁生产技术：鼓励企业采用清洁生产技术，提高资源利用效率、降低污染物排放，如采用先进的生产工艺、节能减排技术等。

（3）节能减排：法律支持企业实施节能减排措施，鼓励减少能源消耗和排放物产生，如推广节能设备、改善生产工艺等。

3. 监督和处罚机制

为保证排放控制措施的有效执行，法律规定了严格的监督和处罚机制，包括以下两个方面。

（1）监督机制：设立专门部门负责对各类污染源头的排放进行监督和检查，确保排放达标和治理设施运行有效。

（2）处罚措施：对于违反排放标准和管控要求的企业，法律规定了一系列的处罚措施，包括罚款、责令整改、停产停业、吊销许可证等，以强化排放管理和监督的效果。

（二）生态保护与修复

法律框架也应该涵盖对生态系统和生物多样性的保护与修复，保障自然环境的健康和可持续发展。相关内容包括：

1. 自然保护区设立

法律框架确立了自然保护区的设立和管理机制，旨在保护珍稀濒危物种和生态系统的完整性。

（1）保护地划定

法律规定了划定自然保护区的程序和标准，确保选择具有重要生态功能和生物多样性的地区作为保护区。

（2）管理办法

设立自然保护区管理机构，制定管理办法和规章制度，管理保护区内的资源利用、开发活动和游客接待等事务。

（3）资源利用限制

对自然保护区内的资源开发和利用实行严格的限制，禁止或限制砍伐森林、开发草地、开采矿产等破坏性活动。

2. 濒危物种保护

法律对濒危物种的保护提出了具体的要求和措施，以确保这些物种的生存和繁衍。具体措施包括以下三个方面。

（1）禁止捕杀：法律明确禁止对濒危物种的捕杀、猎捕、交易等行为，保护其免受人类活动的威胁。

（2）栖息地保护：设立自然保护区或野生动植物保护区，保护濒危物种的栖息地，确保其生存环境的完整和稳定。

（3）繁殖保护：采取措施保护濒危物种的繁殖地和繁殖行为，如设立繁殖保护区、人工繁殖计划等。

3. 生态修复与重建

法律要求在生态系统受到破坏或污染时，采取生态修复和重建措施，恢复受损生态系统的功能和稳定性。具体包括以下三个方面。

（1）污染源治理：对受污染的生态系统进行治理，清除污染物，修复土壤、水体等环境，恢复生态系统的自净能力。

（2）生态工程建设：实施生态工程项目，如植树造林、湿地建设、河道修复等，恢复和重建受损的生态系统。

（3）监测和评估：对生态修复和重建工作进行监测和评估，及时调整和改进措施，确保生态系统的恢复和稳定。

（三）环境监测与报告

法律要求建立健全的环境监测和报告体系，及时监测环境质量变化并向公众披露相关信息。

1. 监测网络建设

现代法律框架规定了建立健全的环境监测网络，以确保对环境质量变化的及时监测。以下是相关内容的具体扩展：

（1）监测站点设置

法律要求环境监测站点的设置应遵循科学原则，覆盖城市、农村、工业区、生态脆弱区等不同地域和环境类型。站点设置应充分考虑环境质量的空间分布特征和人群暴露情况，以确保监测数据的代表性和有效性。

（2）监测参数和频次

法律明确规定了监测参数和监测频次，以覆盖大气、水质、土壤等多个环境要素。监测参数应包括主要污染物的浓度、气象条件、环境噪声等关键指标，并根据监测对象的特点和环境变化情况进行调整和更新，以保证监测数据的全面性和准确性。

2. 监测数据报告

法律要求相关单位按照规定定期向政府或公众报告环境监测数据和环境状

况，以提高信息公开透明度和公众参与度。以下是具体内容的拓展：

（1）报告内容要求

法律规定了报告内容的必要性和详尽性要求，包括监测数据的收集、整理、分析，以及环境状况的评价和预测等。报告内容应具有科学性和可读性，以便公众理解和参考。

（2）报告途径和时限

法律规定了报告提交的途径和时限，例如通过政府部门或公开平台进行报送，并明确了报告的周期性，如每年、每季度或每月一次。此外，法律还要求及时发布重大环境事件的监测数据和情况，以满足公众知情权的要求。

3. 环境评估报告

法律要求对重大环境工程和项目进行环境影响评价，并编制相应的环境评估报告，以评估项目对环境的影响和提出环境保护措施。以下是具体内容的扩展：

（1）评价范围和标准

法律规定了评价报告的内容和标准，明确了评价范围和评价方法。评价范围应覆盖项目建设、运营和关闭阶段的全部环节，评价标准应基于科学依据和环境政策，确保评价结果客观、科学和可信。

（2）报告审批程序

法律确立了评价报告的审批程序和权责，包括由环保主管部门负责审批，并公开征求公众意见。评价报告的审批程序应公正透明，确保各利益相关方的合法权益得到保护和尊重。

（四）环境应急管理

法律框架也应包含对环境突发事件的应急管理和处置措施，以应对突发环境事件和保障公众安全。

1. 应急预案制定

现代法律框架要求各相关单位制定完善的环境应急预案，确保在发生环境突发事件时能够迅速、有效地应对。以下是具体内容的扩展：

（1）预案内容和要求

法律规定了应急预案的内容和要求，包括灾害类型、应急响应流程、责任人员及其职责、应急资源储备和调配等。预案内容应根据可能发生的环境突发事件类型和影响程度进行科学设计和详细规定。

（2）预案更新和修订

法律要求应急预案定期更新和修订，以适应环境风险的变化和新技术的应用。预案的修订应充分考虑环境保护法律法规的变化和新的应急管理要求，保证其实效性和可操作性。

2. 应急培训和演练

法律要求对应急管理人员进行定期培训和演练，提高其应对突发环境事件的应变能力和处置水平。

（1）培训内容和形式

法律规定了应急管理人员的培训内容和形式，包括环境突发事件的识别、评估和处置方法，以及危险品处理、应急装备使用等技能培训。培训形式可以包括课堂培训、实地演练、模拟演练等多种形式。

（2）演练计划和评估

法律要求制订应急演练计划，并对演练进行评估和总结。演练应包括常规演练和突发事件模拟演练，评估结果应用于完善应急预案和提升应急响应能力。

3. 责任追究和赔偿机制

法律明确了对因环境突发事件造成损害的责任追究和赔偿机制，保障受损群体的合法权益。

（1）责任主体和责任划分

法律规定了环境突发事件责任主体的划分，明确了政府、企业、个人等不同主体的责任范围和义务。同时，法律还规定了责任划分的原则和依据，以保障责任的公平和合理。

（2）赔偿程序和标准

法律确立了环境突发事件的赔偿程序和标准，包括受害者的申报和赔偿程序、损害评估标准和赔偿额度等。赔偿应当基于损害程度和责任程度进行公正合理地确定，以保护受害者的合法权益。

第二节　现代环境资源利用合规管理与法律制约

一、资源利用的合规管理机制

要保证现代环境资源的合规管理，需要建立健全的管理机制，确保资源的合法开发和利用。这一管理机制包括以下几个方面。

（一）许可制度

资源开发利用项目的许可制度是确保资源合规管理的重要手段。该制度应包括以下内容：

1. 准入条件明确

资源开发利用项目的许可制度首先要求明确规定项目的准入条件。这包括技术、资质、环保措施等方面的要求，以确保项目的可行性和合规性。

（1）技术要求

许可制度应明确项目所涉及的技术要求，例如技术方案的可行性、技术装备的先进性等，以确保项目具备必要的技术支持。

（2）资质要求

许可制度还应规定申请者必须具备相应的资质和资格，例如相关行业的许可证或资质证书，以确保项目运行符合行业标准和规范。

（3）环保措施要求

环境保护是许可制度考量的重要方面之一，许可制度应明确规定项目必须采取的环保措施，包括污染防治设施的建设、环境监测与治理等，以保障环境的可持续发展。

2. 程序规范透明

许可制度的程序规范和透明度对于保障申请者的合法权益和提高审批效率

至关重要。

（1）许可申请流程

许可制度应明确规定许可申请的流程和程序，包括申请材料的准备、提交途径、审批程序和时限等，以确保申请者能够依法依规进行申请。

（2）申请材料要求

许可制度应明确规定申请所需的材料和文件，以减少申请者的不必要负担和提高审批效率，同时也要求材料的真实性和完整性，以保障审批的科学性和公正性。

（3）透明审批程序

许可制度应建立透明的审批程序，包括公开审批进展、告知申请者审批结果等环节，以保障申请者的知情权和监督权。

3.监管机构责任

监管机构在许可制度中承担着重要责任，其明确的责任和权限是保障许可决策科学性和公正性的基础。

（1）责任明确

许可制度应明确规定监管机构的责任和职责，包括审批许可申请、监督项目运行、处置违规行为等，以确保监管工作的有序进行和结果的合理有效。

（2）权力边界

许可制度还应明确规定监管机构的权限边界，避免权责不清、职责交叉等问题，以保障监管工作的科学性和规范性。

（3）公正

监管机构在许可决策和监管执法中应做到公正，不偏不倚地执行法律法规，保护资源环境的公共利益和社会公平正义。

（二）监督检查

资源开发利用项目的监督检查是保障合规管理的重要手段，其内容包括：

1.定期检查制度

（1）监督计划制定

监管部门应该建立定期的监督检查计划，明确检查的对象、时间和地点，以确保对各类资源开发利用项目的全面覆盖和有效监督。

（2）现场检查

定期进行现场检查是监督检查的重要内容之一。监管部门应派遣专业人员到项目现场进行检查，核实项目的运行情况、环境保护设施的运行状况等，并及时发现和处理问题。

（3）数据监测

除了现场检查外，监管部门还应建立资源开发利用项目的数据监测系统，监测项目的关键数据，如排放量、消耗量等，以及环境影响等，以便进行综合评估和监督。

2. 数据监测与评估

（1）监测系统建设

监管部门应建立完善的数据监测系统，包括监测点的设置、监测参数的确定、监测设备的维护和管理等，确保数据的准确性和可靠性。

（2）数据评估与分析

监管部门应对监测得到的数据进行科学评估和分析，判断项目的运行情况是否符合规定要求，及时发现和解决问题，保障环境和资源的可持续利用。

3. 行政处罚措施

（1）处罚依据和程序

监管部门应依据相关法律法规和监督检查结果，制定行政处罚措施，明确处罚的依据、程序和标准，确保处罚的合法性和公正性。

（2）处罚力度

对于发现的违规行为，监管部门应当根据情况采取适当的行政处罚措施，包括警告、罚款、责令停产停业等，及时纠正违法行为，维护资源和环境的合法权益。

（三）公众参与

公众参与是现代资源开发利用项目管理中不可或缺的环节，其重要性在于增强民众对项目的监督和参与意识，促进项目管理的透明度和公正性。以下是公众参与的具体内容：

1. 信息公开机制

监管部门应建立完善的资源开发利用项目信息公开机制，确保公众能够获得项目相关信息。这包括项目的立项、审批、执行进展等各个阶段的信息公开，以及环评报告、排污许可证等关键文件的公开。通过信息公开，公众可以了解项目的情况，及时提出意见和建议，促进监管部门和项目管理者的公开透明。

2. 听证会和咨询

监管部门可以组织听证会和公开咨询活动，邀请公众、利益相关方、专家学者等参与，就项目的环境影响、社会效益等方面展开讨论和交流。通过听取公众的意见和建议，监管部门可以更全面地了解社会各界的关切和期待，形成多元化的决策参考，提升项目管理的合法性和公信力。

3. 参与决策

公众可以参与资源开发利用项目的决策过程，包括项目选址、环评评估、技术路线选择等关键环节。监管部门可以通过公民投票、公众听证等方式，邀请公众表达意见和选择，形成广泛的社会共识。公众的参与将促进项目管理的民主化和科学化，增强项目的社会责任感和可持续性。

二、法律对资源利用的限制与约束

现代法律对资源利用设定了一系列限制和约束，以保护环境、维护生态平衡和实现可持续发展。

（一）资源开发准入条件

法律规定了资源开发项目的准入条件，以确保项目的规模、技术水平和环保措施等符合法定要求。这些准入条件旨在保障项目的可持续性和对环境的最小化影响。

1. 环境敏感性要求

法律规定了对项目所在地的环境敏感性进行评估的要求，以确定项目对环境的影响程度，并据此制定相应的环保措施。具体而言，这些要求可能包括：

（1）环境评估程序

法律要求项目开发者进行环境评估，评估项目可能对周围环境造成的影响，包括但不限于水、土壤、空气质量等方面。

（2）环境敏感性识别

环境敏感性识别是评估项目周围环境敏感性的过程，确定是否存在对环境敏感的特定生态系统、物种或地理区域。

（3）环境保护措施制定

根据环境评估结果，项目开发者需要制定环保措施，包括减少污染物排放、防止土地和水资源的过度利用、保护生态系统等。

2.生态保护区限制

法律规定了位于生态保护区域的资源开发项目受到的严格限制和管理，以保护生态系统的完整性和稳定性。具体而言，这些限制可能包括：

（1）生态保护区划定

法律确定了生态保护区的范围和边界，对其内的资源开发项目进行限制。

（2）开发限制措施

生态保护区内的资源开发项目可能受到开发限制，例如禁止或限制采矿、开发土地、进行建筑等。

（3）保护措施要求

对于允许在生态保护区进行的资源开发项目，法律可能要求项目开发者采取额外的保护措施，确保生态系统的保护。

3.环境影响评价要求

法律要求对项目进行环境影响评价，评估项目对周边环境的影响，并制定相应的环境保护措施。具体而言，这些要求可能包括：

（1）评价程序

项目开发者需要按照法定程序进行环境影响评价，包括评估环境影响的范围、评价方法和数据收集等。

（2）评价内容

环境影响评价需要评估项目可能对空气、水、土壤、生物多样性等方面的影响，并提出减轻、补偿或避免这些影响的措施。

（3）评价报告

评价结果应以评价报告的形式提交，包括评价结论、数据和分析，以及建议的环境保护措施。

（二）资源利用权的管理

法律规定了资源利用权的管理制度，包括资源的划拨、使用权的取得和转让等方面。资源利用权的管理机制确保了资源的合理利用和公平分配，防止资源的滥用和浪费。

1. 资源划拨规定

资源划拨规定是指法律对资源划拨的程序和条件进行规定，以确保资源的合法获取和使用。具体而言，这方面的内容可能包括：

（1）划拨程序

法律规定了资源划拨的程序，包括申请、审批和登记等环节，确保划拨过程的合法性和透明度。

（2）划拨条件

法律规定了资源划拨的条件，例如资源利用者必须具备的资质、技术能力和环保措施等要求，以确保资源利用的合理性和可持续性。

（3）划拨监督

法律对资源划拨过程进行监督，以确保划拨行为的合法性和公平性，防止资源的滥用和不当流失。

2. 使用权取得程序

资源利用者必须依法获得资源使用权，并遵守法定的使用条件和限制，以保障资源的合理利用和可持续发展。这方面的内容可能包括：

（1）使用权申请

资源利用者需要按照法定程序提交资源使用权申请，并提供必要的材料和信息。

（2）使用权审批

相关部门根据法定程序对资源使用权申请进行审批，评估申请者的资质、项目的合规性和环境影响等因素。

（3）使用权许可

审批通过后，资源利用者获得资源使用权的许可，可以依法进行资源开发和利用，但必须遵守法定的使用条件和限制。

3.资源转让管理

资源转让管理是指法律规定了资源利用权的转让程序和条件，以确保资源的合理配置和公平交易。具体而言，这方面的内容可能包括：

（1）转让程序

法律规定了资源利用权转让的程序，包括转让方案的制定、双方协商和签订合同等环节。

（2）转让条件

转让方必须符合法定条件，例如具备相应的资质、项目符合法律要求等，以确保资源的合理利用和可持续发展。

（3）转让监督

相关部门对资源利用权转让过程进行监督，确保转让行为的合法性和公平性，防止资源的恶性竞争和滥用。

（三）环境保护要求

法律要求资源开发利用项目符合环境保护的相关要求，以确保在资源利用过程中不对环境造成不可逆转的损害，维护生态平衡，实现可持续发展。这包括多个方面的环境保护要求：

第一，针对污染物排放的控制，法律规定了严格的排放标准和限值，要求资源开发利用项目在生产过程中控制和减少有害物质的排放，保护大气、水体和土壤的质量，避免对周围环境和居民健康造成不良影响。这包括对工业企业、农业养殖场等不同类型的污染源都制定了相应的排放标准，通过监测和审批等手段确保排放达标。

第二，对生态系统的保护和恢复也是法律要求的重点。法律规定了对生态系统的保护措施，包括对野生动植物的保护、对自然生态系统的保留和修复等。在资源开发利用项目的实施过程中，必须采取措施保护和维护当地的生态系统，避免对生态系统的破坏和破坏。

第三，法律对水、土壤、大气等环境要素的保护也提出了具体要求。对于水体的保护，法律规定了严格的水质标准和水污染防治措施，要求资源开发利用项目在污水处理和排放方面符合相关要求；对土壤的保护，法律规定了土壤污染防治的措施，要求项目在土地开垦和利用过程中做好土壤保护工作；对大气的保护，法律规定了大气污染物的排放标准和控制措施，要求资源开发利用项目减少空气污染物的排放，保障空气质量。

第三节　现代环境资源节约利用的法律政策与实践探索

一、节约资源的法律政策与措施

为了促进资源的节约利用，现代法律制定了一系列的法律政策与措施，包括但不限于：

（一）资源循环利用和再生利用政策

1. 资源回收和再利用法规

（1）废物分类管理

法律规定了对废弃物进行分类管理的要求，包括生活垃圾、工业废弃物等的分类收集、运输和处理，以便进行有效的资源回收和再利用。

（2）回收体系建设

法律要求建立健全的废物回收体系，包括设置回收站点、建立回收网络、加强废物回收技术和设备的投入等措施，以确保废物得到充分地再利用。

（3）废物处理和处置要求

法律规定了废物的安全处理和处置要求，包括采用环保技术处理废物、建设环保设施、防止废物对环境造成污染等，以保护环境和公众健康。

2. 循环经济政策支持

（1）产品再制造

法律鼓励企业开展产品再制造业务，通过技术改造、更新和维修等手段，延长产品的使用寿命，减少资源消耗和废弃物产生。

（2）废物资源化利用

法律支持废物资源化利用，即将废弃物转化为可再利用的资源，如废弃塑料、玻璃等材料的再加工利用，以减少新资源的开采和利用。

（3）循环经济产业发展

法律鼓励企业开展循环经济产业，通过提供税收优惠、财政支持等方式，推动循环经济产业的发展，形成循环经济的产业链条，实现资源的有效利用和再生利用。

（二）能源节约政策

1. 能源效率提升法规

（1）能源效率标准

法律制定了严格的能源效率标准，要求各类用能设备和建筑物达到一定的能效水平，以减少能源浪费，提高能源利用效率。

（2）节能技术推广

法律鼓励和支持节能技术的研发和推广，包括高效照明、节能家电、新能源汽车等，推动全社会节能技术的应用。

（3）能耗监测与管理

法律要求建立能耗监测与管理体系，对重点用能单位进行能耗监测、数据采集和分析，促进能效管理和节能措施的落实。

2. 可再生能源政策支持

（1）可再生能源发展目标

法律明确了可再生能源的发展目标和规划，推动太阳能、风能、生物质能等可再生能源的开发和利用，减少对化石能源的依赖。

（2）可再生能源补贴与激励

法律通过财政补贴、税收减免等措施，支持可再生能源项目的发展，提高可再生能源在能源结构中的比重。

（3）可再生能源并网管理

法律规定了可再生能源并网的管理要求，保障可再生能源的顺利接入电网，促进可再生能源的稳定发展和利用。

（三）绿色采购政策

1. 政府采购指导

（1）政府采购环保产品和服务指导原则

法律规定了政府采购环保产品和服务的指导原则，鼓励政府机关和公共机构在进行采购时优先选择环保产品和服务，以示榜样作用，推动市场向环保产品转型。

（2）具体采购要求

法律规定了政府采购环保产品和服务的具体要求，包括节能环保标准、环保认证、低碳产品等方面的要求，以确保政府采购的产品和服务符合环保要求。

2. 绿色供应链管理

（1）环保要求纳入供应链管理

法律要求企业在供应链管理中纳入环保因素，制定绿色采购政策和标准，鼓励企业选择环保优秀供应商，推动绿色供应链的建设。

（2）合作共赢

法律鼓励企业与环保优秀供应商开展合作，共同推动绿色采购和可持续发展，建立长期稳定的合作关系，实现合作共赢的目标。

（四）税收和财政政策

1. 环境税收政策

（1）环境税收种类

现代法律通过征收环境税、资源税等多种形式的税收，针对能源消耗高、污染排放严重的行业和企业进行限制和惩罚，以降低其对环境的不良影响。

（2）税收目的

环境税收政策旨在内化环境成本，激励企业和个人在生产和消费过程中更加注重环境友好型的行为，从而促进资源的节约利用和环境的保护。

（3）税收调控机制

环境税收政策通过设定税收税率、调整税收政策和征收方式等措施，对污染物排放、资源消耗等进行调控，鼓励企业采取节能减排措施，推动绿色发展。

2. 财政激励措施

（1）税收优惠政策

法律通过提供税收优惠，如减免企业所得税、增值税等税收，对符合环保要求的企业和项目给予税收优惠，鼓励其投资于节能环保领域。

（2）财政补贴措施

法律通过财政补贴等方式，对节能环保项目和绿色技术研发进行资金支持，降低企业投资成本，推动绿色产业的发展，促进资源的有效利用和循环利用。

二、节约资源的实践经验与启示

现代环境资源节约利用的实践经验为法律政策的制定和执行提供了重要参考，包括以下几个方面：

（一）技术创新与应用

1. 技术研发投入

（1）政府支持与引导

许多国家和地区通过政府的支持和引导，加大了对资源节约利用相关技术的研发投入。政府可以通过设立专项资金、支持科研机构开展相关项目等方式，促进技术的研发和创新。

（2）产学研合作

政府可以鼓励企业与科研机构、高校等开展产学研合作，共同攻克资源节约利用的关键技术难题，推动科研成果的转化和应用。

（3）技术成果转化

政府可以制定相关政策，支持技术成果的转化和应用。例如，通过设立技术转移中心、提供知识产权保护等措施，促进技术成果的商业化和产业化。

2. 技术应用推广

（1）政策激励措施

政府可以通过财政激励、税收优惠等政策措施，鼓励企业和个人采用节能环保技术。例如，对采用清洁生产工艺的企业给予税收减免或财政补贴。

（2）技术培训与推广

政府可以组织开展技术培训和推广活动，提升企业和个人对节能环保技术的认知和应用水平。通过举办研讨会、展览会、技术培训班等方式，推广先进的节能环保技术。

（3）示范工程建设

政府可以支持和引导示范工程的建设，展示和推广先进的节能环保技术。通过政府补贴、项目评选等方式，激励企业和单位开展示范工程建设，促进技术的应用和推广。

（二）政策与市场机制

1. 市场导向的政策

（1）税收优惠政策

政府可以通过给予环保和节能产业税收减免或税收优惠政策，降低相关企业的税负，从而激励其增加对环保和节能领域的投资。这种政策不仅能够促进企业的技术创新和发展，也能够引导市场资源向环保产业倾斜。

（2）绿色基金设立

政府可以设立专门的绿色基金，用于支持环保和节能项目的开展。这些资金可以通过政府拨款、环保税收收入等途径筹集，然后用于资助符合条件的环保和节能项目，推动其在市场上的发展和应用。

2. 市场监管机制

（1）环境资源消耗和污染监管

政府应建立健全的环境资源消耗和污染监管体系，加强对企业和个人环境行为的监管和管理。这包括制定严格的环境标准和排放限值、加强环境执法监管等措施，确保企业在生产经营过程中不违法排放污染物，减少资源浪费。

（2）市场秩序规范

政府应通过完善市场准入制度、建立信用体系、加强市场监督管理等措施，规范市场秩序，打击虚假宣传、欺诈行为等不正当竞争行为，促进市场健康有序发展。

（3）信息公开透明

政府应加强对环保和节能信息的公开透明，提高公众和市场对环保和节能产品的认知和了解程度，从而增加市场需求，推动环保和节能产业的发展。

（三）社会参与合作

1. 企业责任与社会参与

（1）企业社会责任意识

企业作为资源利用的主体之一，应当树立社会责任意识，认识到自身的环境和资源消耗对社会和环境的影响，并积极采取措施降低资源消耗、减少污染排放。

（2）积极参与节能减排行动

企业可以通过实施节能技术改造、优化生产工艺、提升资源利用效率等措施，积极参与节能减排行动。同时，企业还可以加强内部管理，推行绿色生产理念，减少不必要的资源浪费，降低环境负荷。

2. 政府与公众合作

（1）加强与公众的沟通与合作

政府应当加强与公众的沟通和互动，倾听公众意见，吸纳公众参与，共同推动资源节约和环境保护工作。可以通过组织环境教育活动、开展公众参与式决策等方式，促进公众积极参与环保行动。

（2）鼓励社会组织参与绿色发展

政府可以通过设立专项基金、提供政策支持等方式，鼓励和支持社会组织参与绿色发展和资源节约行动。社会组织在资源节约、环境保护等领域具有丰富的经验和资源，可以为政府提供技术支持、舆论监督等方面的帮助。

（四）国际合作与交流

1. 共享经验与技术

（1）建立联合研究机制

国际合作可通过建立联合研究机制，共同开展资源节约和环保领域的科研项目，分享研究成果和技术经验。这样的合作有助于加快技术创新和应用，提高资源利用效率。

（2）技术转移合作

国际合作还可以促进技术的跨国转移和合作开发，将发达国家的先进环保技术和经验引进到发展中国家，帮助其提升资源利用水平和环保能力。

2. 全球治理与共同行动

（1）国际组织的作用

国际组织和多边机制在资源节约和环境保护方面发挥着重要作用。例如，联合国环境规划署（UNEP）等国际组织可以协调各国合作，推动全球环境治理进程。

（2）共同应对挑战

资源节约是全球性的挑战，各国应当共同应对。国际合作可以促进各国之间的沟通与协调，共同制定和落实环保政策和法律法规，共同应对气候变化、环境污染等全球性环境问题。

第六章 现代环境执法与监督体系

第一节 环境执法机构和职责划分

一、执法机构的设置

（一）生态环境部

生态环境部作为全国环境执法的统筹协调机构，承担着以下职责：

1.制定全国环境执法政策、法规和标准

生态保护部在环境执法领域具有权威性，负责制定全国范围内的环境执法政策、法规和标准，以确保环境执法工作的统一性、规范性和科学性。这包括环境保护法律法规的制定、修订和解释，以及环境执法标准的制定和推广。

2.组织协调全国环境执法工作

生态环境部负责组织和协调全国各级环境执法机构的工作，包括制定环境执法工作的年度计划、重点任务和工作部署，统一资源配置和人员调配，以及推动环境执法工作的信息共享和经验交流。

3.监督、指导地方环保部门的执法工作

生态环境部对各级地方环保部门的环境执法工作进行监督、指导和考核，包括督促地方环保部门贯彻执行中央环保部门颁布的环境执法政策、法规和标准，加强对地方环保部门的执法工作督查和评估，及时发现和解决环境执法工作中的问题和难点。

4.处理跨区域、跨部门的重大环境违法案件

生态环境部负责处理跨区域、跨部门的重大环境违法案件，协调各相关部门和地方共同开展执法行动，依法查处违法行为，维护全国环境执法的严肃性和权威性。

5. 开展环境执法的专项行动和督察工作

生态环境部根据国家环保工作的需要，组织开展环境执法的专项行动和督察工作，重点查处环境违法行为，强化对关键领域和重点企业的监督检查，推动环境保护工作向纵深发展。

（二）地方环保部门

地方环保部门作为各级地方政府环境执法的主要执行机构，主要职责包括：

1. 制定本地区的环境执法计划和方案

地方环保部门根据中央环保部门的指导和要求，结合本地区的实际情况，制定年度、季度或月度的环境执法计划和方案，明确执法重点、工作重点和任务分工，确保环境执法工作的有序开展和有效落实。

2. 开展环境监测和调查

地方环保部门负责组织和开展本地区的环境监测和调查工作，包括大气、水、土壤、噪音等环境要素的监测和评估，掌握本地区的环境状况和问题，为环境执法工作提供科学依据和数据支持。

3. 处理本地区的环境违法案件

地方环保部门负责处理本地区发生的环境违法案件，包括对环境违法行为的立案调查、处罚裁决和整改督导等工作。通过严格执法，有效打击环境违法行为，维护本地区的生态环境安全和公共利益。

4. 开展环境保护宣传教育工作

地方环保部门积极组织和开展环境保护宣传教育工作，通过举办宣传活动、发放宣传资料、开展环保知识培训等方式，提高公众对环境保护的认识和意识，促进社会各界的环保参与和支持。

5. 配合生态环境部开展督察和检查工作

地方环保部门配合生态环境部组织开展环境执法督察和检查工作，接受生态环境部的指导和监督，积极配合完成督察任务，及时整改环境问题，确保环境执法工作的规范和有效性。

（三）相关部门的环境执法部门

除了环保部门外，其他相关部门如水利、林业等也应设立环境执法部门，主要职责包括：

1. 水利部门的环境执法部门

（1）环境执法工作范围

水利部门的环境执法部门在其专业领域内负责环境执法工作。这包括：

① 水资源保护和管理

水资源是人类生活和工业生产的重要基础，但也是一种易受污染和过度开发的资源。水利部门的环境执法部门需要制定并执行相关法律法规，监督水资源的合理利用和保护，确保水资源的可持续发展。

② 监督水利工程建设和运行过程中的环境保护措施执行情况

水利工程的建设和运行可能对周围的生态环境产生重要影响。环境执法部门需要对水利工程建设前、中、后的环境保护措施进行监督，确保其符合环境保护要求，减少对周围环境的不良影响。

（2）协助环保部门完成相关环境监管和执法任务

水利部门的环境执法部门应与环保部门紧密合作，共同完成相关环境监管和执法任务。具体包括：

① 制定相关领域的环境保护政策、法律法规

水利部门和环境执法部门应与环保部门共同制定水资源保护、水环境治理等方面的政策、法规，为环境保护提供法律依据。

② 协助开展环境影响评价、排污许可审批等工作

在水利项目建设中，环境影响评价是必不可少的环节。水利部门的环境执法部门可以协助环保部门进行项目的环境影响评价工作，并参与排污许可审批等环节，确保项目的合规性。

③ 监督水污染源的排放情况，开展水体保护工作

水污染是当前环境面临的重要问题之一。水利部门的环境执法部门应当监督水污染源的排放情况，采取必要措施保护水体环境，维护水资源的质量和数量。

2. 林业部门的环境执法部门

（1）环境执法工作范围

林业部门的环境执法部门主要职责包括但不限于：

① 森林资源的保护和管理

林业资源是重要的自然资源之一，对维护生态平衡、保护土壤和水资源具有重要意义。林业部门的环境执法部门需要制定并执行相关法律法规，加强对森林资源的保护和管理，防止过度砍伐和滥用。

② 监督森林采伐、林地开发等活动对环境的影响

林业开发活动可能对生态环境产生重大影响，如砍伐过度导致生态系统退化、水土流失等问题。环境执法部门需要对这些活动进行监督，确保其符合环境保护要求，最大限度地减少对生态环境的破坏。

（2）协助环保部门完成相关环境监管和执法任务

林业部门的环境执法部门也应积极参与环保部门的工作，共同完成相关环境监管和执法任务。具体包括：

① 制定相关领域的环境保护政策、法律法规

林业部门环境执法部门与环保部门合作，共同制定森林资源保护、林地利用等方面的政策、法规，为环境保护提供制度保障。

② 协助开展森林资源开发利用项目的环境影响评价、排污许可审批等工作

在林业项目的规划和实施过程中，环境影响评价是至关重要的环节。林业部门的环境执法部门可以协助环保部门进行项目的环境影响评价工作，并参与排污许可审批等环节，确保项目在环境保护方面符合法律法规要求。

（3）监督森林砍伐活动的合规性，保护生态环境

林业部门的环境执法部门需要密切监督森林砍伐等活动，确保其符合法律法规的规定，避免非法砍伐、过度开发等行为对生态环境造成不可逆转的破坏。通过加强执法监管，维护森林生态系统的稳定性和健康发展。

二、执法人员的培训与管理

（一）专业培训机制

1. 定期组织培训班

（1）培训需求分析

在制定培训计划之前，环境执法机构应进行执法人员的培训需求分析，了

解执法人员在环境法律法规、执法技能等方面的实际需求，有针对性地确定培训内容和形式。

（2）专业课程设置

根据培训需求分析的结果，结合环境执法工作的实际情况，设计并组织相关的专业培训课程，涵盖环境法律法规、执法技能、案件处理等方面内容，确保培训内容具有系统性和实用性。

（3）专家指导培训：邀请环境法律、环境科学等领域的专家学者担任培训讲师，结合自身的研究和实践经验，为执法人员提供专业的培训指导，提升其专业水平和素质。

2. 开展实践教学

（1）现场实习

安排执法人员参与实地执法实践活动，深入了解环境执法工作的实际操作流程和技巧，培养执法人员的实际操作能力和应变能力。

（2）案例分析

组织执法人员针对真实案例进行分析和讨论，引导他们从案例中总结经验教训，提升解决问题的能力和水平，增强执法人员的法律意识和执法技能。

（二）日常监督与考核

1. 建立考核评价制度

（1）定期考核评价

制定并实施执法人员的定期考核评价制度，包括年度、季度等不同周期的考核评价，对执法人员的执法水平、工作态度和工作业绩进行全面评估。

（2）考核内容设置

考核内容应涵盖执法能力、法律知识运用、工作态度及团队合作等方面，通过考核评价全面了解执法人员的工作表现和存在的问题，为进一步改进提供依据。

2. 绩效考核与激励机制

（1）绩效考核标准

制定明确的绩效考核标准和指标体系，根据执法人员的实际工作任务和责任范围，量化考核内容，公正客观地评价执法人员的绩效水平。

（2）激励措施设定

建立激励机制，对工作表现突出、业绩突出的执法人员给予奖励和表彰，包括荣誉称号、奖金、晋升等激励措施，激励执法人员积极投入工作，提升工作积极性和主动性。

（3）问题纠正与改进

对于存在工作不足或表现不佳的执法人员，及时进行指导、培训和督促，帮助其改进工作表现，提升绩效水平，确保执法工作的质量和效果。

第二节 环境执法方式与技术手段

一、执法方式的多样化

（一）常规执法

1. 日常监督

（1）巡查制度的建立与实施

环境执法部门建立巡察制度，通过定期巡查、不定期抽查等方式，对各类涉及环境保护的场所进行监督。巡查人员对工业企业、农业生产基地、建筑工地等进行实地检查，核查其环境保护设施和措施的落实情况。

（2）检查手段的多样化

常规执法中，环境执法部门采取多种检查手段，包括现场检查、文书查阅、数据核对等方式，确保对环境违法行为的全面监督。现场检查可通过仪器设备检测污染物排放情况，文书查阅可核对企业的环保手续和记录，数据核对可对企业报送的环保数据进行比对验证。

2. 处罚措施

（1）责令改正

对于发现的环境违法行为，环境执法部门首先会下达责令改正通知书，要求违法单位立即停止违法行为，并在规定期限内整改。责令改正是常规执法的重要手段，能够及时制止环境违法行为的继续扩大。

（2）罚款处罚

在责令改正无效或者情节严重的情况下，环境执法部门会对违法单位进行罚款处罚。罚款数额根据违法行为的性质、影响程度和单位经济实力等因素确定，以起到惩戒和震慑作用。

（二）专项执法

1. 重点问题整治

（1）大气污染整治

针对大气污染问题，环境执法部门组织开展大气污染防治专项执法行动。通过加强对工业企业、火电厂、燃煤锅炉等污染源的监督检查，推动相关单位加强污染治理设施建设和运行维护，减少大气污染物排放。

（2）水污染治理专项行动

针对水体污染问题，环境执法部门组织开展水污染治理专项执法行动。加强对工业废水排放、农村污水处理等方面的监督检查，强化对违法排污行为的查处力度，推动水环境质量的提升。

2. 加大处罚力度

（1）强化处罚措施

对于在专项执法行动中发现的环境违法行为，环境执法部门会依法采取更严厉的处罚措施。针对涉及重大环境污染、危害公共安全的违法行为，可以采取停产整顿、吊销许可证等更为严厉的处罚措施，确保执法的严肃性和有效性。

（三）联合执法

1. 跨部门协作

在现代社会，环境问题已成为全球性挑战，需要各个部门之间的紧密合作和协同努力来有效解决。在环境执法领域，跨部门协作是确保执法工作高效进行、问题得到有效解决的关键之一。环保部门、工商部门、公安部门等相关部门之间建立联络机制，共同开展环境执法行动，形成合力，体现了多方合作、资源共享的优势。

这种跨部门协作的机制不仅仅是为了解决单一问题，更是为了应对环境领域复杂多样的挑战，充分发挥各个部门的职能和优势。环保部门在环境监测、环境保护政策制定等方面具有专业性和权威性；工商部门对企业的注册、经营管理有较强的监管和处罚权力；公安部门则在查处环境犯罪、维护执法秩序方面拥有丰富的经验和资源。各部门之间的协作，能够将各自的优势进行有机结合，实现资源共享、信息互通，提高执法效率和质量。

在具体的环境执法行动中，跨部门协作体现了分工明确、合作紧密的特点。各部门根据自身职责和专业优势，相互配合、协同作战，形成了执法合力。例如，在联合执法行动中，环保部门负责环境监测和排污许可审批，工商部门负责企业的注册登记和经营管理，公安部门负责查处环境犯罪和维护执法秩序。通过明确分工、密切配合，各部门能够在执法行动中充分发挥各自的优势，实现工作的高效推进和目标的有效达成。

跨部门协作还能够实现信息共享和资源整合，提升执法工作的水平和效果。不同部门之间的信息共享能够及时发现问题、追踪线索，有效打击环境违法行为。同时，各部门之间的资源整合也能够最大限度地利用现有资源，降低成本、提高效率。例如，在执法行动中，各部门可以共同使用设备设施、共享人力物力，充分发挥资源的综合效益。

2. 专业配合

在联合执法的过程中，各相关部门都根据自身的职责和专业优势，展开分工合作，形成了一种专业配合的工作模式。这种模式旨在充分发挥各部门的专业特长和职能优势，以最大限度地提高执法效率和质量，从而有效应对环境违法行为，维护社会环境秩序。

环保部门作为环境保护的主体，拥有环境监测、环境保护政策制定、排污许可审批等专业职责。在联合执法中，环保部门承担着环境监测的重要任务，通过监测环境质量和污染源的排放情况，为执法行动提供科学依据。同时，环保部门还负责对企业的排污许可进行审批，确保企业的生产活动符合环保法律法规的要求，从源头上控制环境污染。

工商部门则主要负责企业的注册登记、经营管理等方面的工作。在联合执法中，工商部门会对企业的合法经营进行监管，确保企业的生产经营活动合法合规。工商部门还负责核实企业的相关证照和资质，对存在违法行为的企业进行查处，有效打击非法生产经营行为，保障市场秩序和消费者权益。

而公安部门则承担着查处环境犯罪和维护执法秩序的重要职责。在联合执法中，公安部门负责侦查处理环境犯罪案件，对涉嫌犯罪的环境违法行为进行调查取证、立案查处，维护社会环境秩序和公共安全。同时，公安部门还可以协助其他部门进行执法行动，提供安全保障和法律支持，确保执法工作的顺利进行。

通过以上各部门的专业配合，形成了一种有机的工作模式，各司其职、协同作战，实现了资源的优化配置和工作的高效推进。在实际执法工作中，这种专业配合的模式为解决环境问题提供了有力支撑，有效保障了环境执法工作的顺利开展和目标的有效实现。因此，建立跨部门的合作机制、加强专业配合，是推动环境执法工作持续深入发展的重要途径之一。

（四）宣传教育与警示示范

1. 环保宣传教育

环保宣传教育在环境保护工作中扮演着至关重要的角色。环境执法部门与相关机构通常会开展一系列宣传教育活动，旨在提高公众对环境保护的认识，引导社会各界积极参与到环境保护行动中来。

这些宣传教育活动包括但不限于举办环保知识讲座、宣传展览、环保主题活动等等。其中，环保知识讲座是向公众传授环境知识、普及环保理念的重要途径。通过邀请环境专家、学者等开展讲座，向公众介绍环境问题的现状、原因及解决方法，加深公众对环保问题的认识和了解。这不仅有助于提升公众的环保意识，还能够引导他们更加理性地认识和对待环境问题，改变不良的环境行为习惯。

宣传展览是另一种常见的环保宣传教育形式，通常通过展览图片、实物、模型等展示方式，直观地展示环境问题的严重性和紧迫性，以及环境保护的重要性。这种形式可以让观众更加直观地感受到环境问题的现实情况，引起他们的共鸣和关注，从而激发起积极的环保行动意识。

此外，环保主题活动也是环保宣传教育的重要组成部分。这些活动通常以特定的主题为引导，如"绿色生活""低碳环保"等，通过组织绿色出行活动、环保义工服务、垃圾分类宣传等形式，引导公众积极参与到环保行动中来，营造出浓厚的环保氛围。

通过这些环保宣传教育活动，环境执法部门与相关机构能够向社会广泛传播环保理念，增强公众的环保意识，培养良好的环保习惯，形成全社会共同参与环保行动的良好氛围。这不仅有助于减少环境污染，改善生态环境，也为实现可持续发展目标奠定了坚实的基础。因此，环保宣传教育在推动环境保护工作向前发展中具有不可替代的重要作用，应得到持续重视和加强。

2.典型案例警示

典型案例警示是环境执法部门常用的一种手段，旨在通过公开曝光违法单位的违法行为和受到的处罚结果，向社会传递出明确的法律底线和执法态度，起到警示和震慑作用，促使企业自觉遵守环境法律法规。

在实践中，环境执法部门会定期发布典型案例，通常选择那些涉及重大环境违法行为、社会关注度高、具有代表性的案例进行公开曝光。这些案例涉及的违法行为可能包括环境污染、非法排放、违规生产等方面，其行为严重性、社会影响力较大，因此具有较强的警示效果。

通过公开曝光典型案例，环境执法部门向社会传递出了明确的执法信号，表明对环境违法行为的零容忍态度，展示了执法的严格性和公正性。同时，公开曝光案例还能够让社会公众了解到环境违法行为的严重性和危害性，增强公众对环境保护的重视和支持，形成全社会共同参与环境保护的良好氛围。

此外，公开曝光典型案例还能够对违法单位起到一定的震慑作用。通过公开违法单位的违法行为和受到的处罚结果，向其他企业传递出明确的警示信号，促使其自觉遵守环境法律法规，规范经营行为，加强环境保护措施，避免再次发生类似违法行为。

综上所述，典型案例警示是环境执法部门常用的一种执法手段，具有重要的警示和震慑作用。通过公开曝光违法单位的违法行为和受到的处罚结果，可以有效传递执法信号，提高公众对环境保护的认识和支持，促使企业自觉遵守环境法律法规，推动环境保护工作向前发展。因此，典型案例警示应得到环境执法部门的持续重视和加强，成为推动环境执法工作的重要手段之一。

二、技术手段在执法中的应用与效果

（一）遥感监测

1.空气质量监测

空气质量监测是遥感技术在环境监测中的重要应用之一。通过利用卫星、无人机等载具搭载的遥感设备，可以获取大范围的空气质量数据，包括各类污染物的浓度分布情况。遥感技术能够以高空俯瞰地面，实现对不同区域的空气质量进行全面、及时地监测。

这些空气质量数据对于环境执法部门具有重要意义。首先，它们提供了科学的数据支持，帮助执法人员了解不同区域的空气污染情况。通过监测空气中各种污染物的浓度分布，执法部门可以及时发现存在的污染源，对可能存在的环境违法行为进行定位和监管。

空气质量监测数据能够帮助环境执法部门评估污染的程度和影响范围，为制定治理措施提供科学依据。通过分析不同区域的空气质量数据，执法部门可以确定重点治理区域，采取针对性的环境保护措施，有针对性地开展监管和治理工作，最大限度地减少环境污染对人民群众健康和生态环境的影响。

空气质量监测是遥感技术在环境执法中的重要应用领域之一。通过获取大范围的空气质量数据，帮助环境执法部门及时发现环境问题和违法行为，为环境治理和保护提供了科学依据和技术支持。

2. 水质监测

水质监测是遥感技术在环境保护领域的另一重要应用。通过遥感技术获取水体表面反射率、水色、透明度等信息，可以初步判断水体的污染程度和水质状况。这些信息有助于执法部门快速了解水体的污染状况，及时采取措施保护水资源。

具体而言，遥感技术通过卫星或无人机获取水体表面的光谱信息，根据水体反射率和透过率等指标，可以初步判断水质的清澈度和污染程度。通过遥感图像的分析，可以发现水体中存在的异常现象，如漂浮物、色素变化等，从而判断可能的污染源和污染程度。

水质监测的数据还可以与地面监测数据和实地调查相结合，对水质问题进行进一步评估和分析。执法部门可以通过水质监测数据确定水质污染的来源和范围，采取相应的监管和治理措施。例如，针对水质受到严重污染的区域，可以加强水污染源的排查和治理，加强水环境保护工作。

水质监测是遥感技术在环境执法中的重要应用领域之一。通过遥感技术获取水质信息，帮助环境执法部门及时了解水质状况，发现水质污染问题，为水资源的保护和管理提供了重要的技术支持和决策依据。

3.土壤污染监测

土壤污染监测是利用遥感技术对土壤环境进行监测和评估的重要手段之一。遥感技术可以通过卫星、无人机等载具获取土壤表面的各类指标信息，如植被覆盖、土壤湿度、地表温度等，从而推测土壤的污染程度和分布情况。

具体而言，遥感技术通过获取土壤表面的光谱信息，可以初步判断土壤的质地、湿度和植被状况等。通过分析遥感图像，可以发现土壤中存在的异常现象，如色素变化、植被凋落等，从而判断可能的土壤污染源和污染程度。

土壤污染监测数据还可以与地面监测数据和实地调查相结合，对土壤污染问题进行进一步评估和分析。执法部门可以通过土壤污染监测数据确定土壤污染的来源和范围，采取相应的监管和治理措施。例如，针对土壤受到严重污染的区域，可以加强土壤污染源的排查和治理，加强土壤环境保护工作。

（二）无人机巡查

1.快速响应

（1）无人机应对紧急环境事件的重要性

无人机作为环境监测工具具有快速响应的特点，这对于应对突发环境事件至关重要。传统的环境监测手段往往需要耗费大量时间和人力物力，而无人机则能够在短时间内启动并飞往目标区域，使环境监测能力得以迅速部署和投入使用。特别是在发生环境污染事件或其他紧急情况时，时间就是生命，快速响应能力意味着能够更快地了解事件的具体情况，采取有效措施，以最小的代价防止环境问题的进一步扩大。

（2）无人机的快速响应机制

无人机的快速响应机制包括多个方面的因素。首先是其便捷的部署方式。现代无人机通常具有轻巧灵活的特点，可以通过简单的操作在短时间内启动，并且无须复杂的起飞场地或设备。其次是高效的飞行速度和航程。相较于地面巡查人员或传统飞行器，无人机通常具有更快的速度和更长的航程，能够更迅速地抵达目标区域并执行监测任务。此外，现代无人机通常配备先进的通信和导航系统，能够实现远程控制和自主飞行，进一步提升了其快速响应能力。

（3）无人机快速响应在环境事件中的应用案例

在实际应用中，无人机的快速响应能力在各种环境事件中发挥了重要作用。以环境污染事件为例，当发生化工厂泄漏污染物或油轮漏油等情况时，无人机可以迅速飞往事发地点，利用搭载的传感器对污染程度进行监测和评估，为紧急救援和环境修复工作提供关键数据支持。此外，在自然灾害或人为事故中，无人机也能够通过航拍图像快速评估灾情，指导救援工作，提高抢险救援效率。

（4）无人机快速响应的挑战与未来发展方向

虽然无人机在快速响应方面具有显著优势，但其在实际应用中仍面临一些挑战。例如，飞行安全、空中交通管制、飞行时间和负载能力等问题仍需不断完善。未来，随着技术的进步和应用场景的拓展，无人机的快速响应能力有望进一步提升。例如，通过智能化技术实现无人机的自主飞行和任务规划，以及利用人工智能和大数据技术提升监测数据的实时性和准确性，将进一步拓展无人机在环境监测中的应用前景。

2. 全面覆盖

（1）无人机覆盖范围广泛的优势

与传统的地面巡查方式相比，无人机具有覆盖范围广、适应性强的优势。无人机可以飞越地形崎岖、交通不便的地区，例如山区、河流、湖泊等地形复杂的区域，实现全方位、全天候的环境监测。这种能力对于执法人员来说意味着可以更加全面地了解目标区域的环境问题，为制定更有效的执法计划和治理方案提供科学依据。

（2）无人机在复杂地形环境中的应用案例

在实际应用中，无人机在复杂地形环境中的应用已经取得了一定成效。例如，在山区地形复杂、交通不便的地区，传统的地面巡查往往面临诸多困难，而无人机可以轻松飞越山脉、河流等地理障碍，实现对目标区域的全面覆盖。这种能力在山区森林火灾监测、水源保护等方面具有重要意义，为环境保护工作提供了有力支持。

（3）无人机全面覆盖的技术支持

实现无人机全面覆盖的关键在于其技术支持。现代无人机通常配备先进的导航系统和传感器，能够实现对目标区域的精确定位和环境监测。同时，无人机的飞行控制系统也经过不断优化，能够适应各种复杂环境条件下的飞行任务。此外，对于特定地形的监测需求，还可以针对性地选择无人机的机型和配置，例如选择具备垂直起降能力的多旋翼无人机来适应山区或城市密集区域的环境监测需求，或者选择具备长航时能力的固定翼无人机来覆盖更广阔的区域。

（4）无人机全面覆盖的未来发展趋势

随着技术的不断进步和应用场景的拓展，无人机在全面覆盖方面的应用前景十分广阔。未来，随着无人机技术的不断成熟和成本的进一步降低，无人机将更加普及和广泛应用于环境监测领域。同时，随着人工智能、自主飞行技术等方面的不断突破，无人机将具备更高的自主飞行能力和智能化水平，能够更加适应各种复杂环境条件下的环境监测任务，为环境保护工作提供更加全面和有效的支持。

3. 高分辨率图像

（1）高分辨率图像在环境监测中的重要性

高分辨率图像能够提供清晰、细致的环境信息，对于发现微小的环境问题和违法行为具有重要作用。传统的环境监测手段往往难以捕捉到细微的环境变化，而高分辨率图像可以通过航拍等方式全面、立体地展现目标区域的环境状况，为环境监测和治理提供更加准确、全面的数据支持。

（2）无人机搭载高分辨率相机的优势

无人机通常搭载高分辨率相机或其他传感器，具有获取高清晰度图像的能力。这种高分辨率图像不受地形限制，可以从空中俯瞰目标区域，捕捉到更广阔的范围和更细微的细节。相比传统的地面监测手段，无人机搭载的高分辨率相机能够提供更全面、更立体的环境信息，为环境监测和治理提供更加准确的数据支持。

（3）无人机高分辨率图像在环境监测中的应用案例

在实际应用中，无人机搭载的高分辨率相机已经被广泛应用于环境监测领域。例如，在城市环境中，无人机可以利用高分辨率图像监测空气质量、城市绿化覆盖情况等环境指标，为城市环境治理提供科学依据。在农业领域，无人机可以通过航拍图像监测农作物生长情况、病虫害发生情况等，为农业生产提供精准的管理和决策支持。

（4）无人机高分辨率图像技术的未来发展

未来，随着高分辨率图像技术的不断进步和应用场景的不断拓展，无人机搭载的高分辨率相机在环境监测中的应用前景将更加广阔。例如，随着摄像头技术的不断提升，无人机可以搭载更先进的高分辨率相机，提供更清晰、更精准的环境图像数据。同时，结合人工智能、大数据等技术手段，还可以实现对图像数据的智能化分析和处理，进一步提升环境监测的效率和准确性。因此，无人机搭载的高分辨率图像技术将在未来发挥越来越重要的作用，为环境监测和治理提供更加科学、精准的支持。

（三）环境监测数据分析

1. 精准预警

（1）环境监测数据分析的预警机制

环境监测数据分析通过对大量环境监测数据的收集、整理和分析，构建了一套精准的预警机制。这一机制包括数据采集、数据处理、模型建立和预警发布等环节。首先，环境监测数据从各类监测设备中采集并传输至数据中心，经过数据清洗和处理后，形成完整的监测数据集。其次，利用数据挖掘、机器学习等技术，构建预警模型，对环境指标进行监测和分析，发现异常情况。最后，当监测数据超过预设阈值或模型检测到异常时，自动触发预警系统，向相关部门发布预警信息，以便及时采取应对措施。

（2）大气污染预警案例

针对大气污染情况，环境监测数据分析在精准预警方面发挥了重要作用。例如，通过对空气质量监测数据的实时监测和分析，预警系统能够及时发现空气污染物浓度异常升高的地区，并通过地理信息系统（GIS）等技术手段，确定空气污染的分布范围和程度。预警系统会根据预先设定的预警等级和响应措施，向相关部门发布预警信息，提醒公众采取防护措施或限制排放行为，以最大限度地减少环境损害和健康风险。

（3）水体污染预警案例

除了大气污染，环境监测数据分析也可以应用于水体污染的精准预警。通过水质监测数据的实时监测和分析，预警系统可以发现水质异常情况，例如水质指标异常波动或超过标准限值。预警系统会根据水质监测数据和水体污染源的分布情况，预测可能受影响的水域范围，并向相关部门发布预警信息，指导采取应对措施，保障水环境的安全和水资源的可持续利用。

（4）精准预警的优势与挑战

精准预警机制的建立对环境保护工作具有重要意义。其优势在于能够及时发现环境风险，提前采取措施，减少环境损害和健康风险，保障公众安全和生态安全。然而，精准预警也面临一些挑战，例如数据质量和准确性的保障、预警阈值的设定和调整、预警信息的及时传达和公众响应等问题，需要进一步加强技术研究和实践经验积累，提高预警机制的可靠性和有效性。

2. 科学决策

（1）环境监测数据分析的科学决策支持

环境监测数据分析为环境执法部门提供了科学的决策支持，有助于提升执法工作的针对性和效果。通过对环境监测数据的深度挖掘和分析，执法人员可以了解环境问题的成因和演变规律，为制定更有效的执法方案和环境管理政策提供科学依据。例如，对不同污染源的排放情况进行分析，可以确定污染源的主要责任方，从而制定有针对性的监管措施。又如，通过分析环境监测数据的时空变化规律，可以预测环境问题的发展趋势，及时调整执法策略和措施。

（2）决策支持在污染源管控中的应用

在污染源管控方面，环境监测数据分析为科学决策提供了重要支持。通过分析监测数据，可以准确识别和定位各类污染源的排放情况和影响范围，为执法部门确定监管重点和加大监管力度提供科学依据。例如，针对工业排污企业，通过分析其排放数据和周边环境监测数据，可以评估其污染物排放量和影响程度，确定是否存在超标排放行为，并据此采取相应的处罚或整改措施。这种科学决策支持能够提高监管效果，促进污染源的规范运行和减排治污。

（3）决策支持在环境治理规划中的应用

在环境治理规划方面，环境监测数据分析也发挥着重要作用。通过对环境监测数据的综合分析和评估，可以科学地评估环境问题的严重性和影响程度，为环境治理规划和政策制定提供科学依据。例如，针对某一地区的空气质量问题，通过分析大气污染物的监测数据、排放源清单和气象条件等因素，可以评估污染源的贡献率和扩散范围，制定相应的减排措施和改善方案。又如，通过水质监测数据的分析和研究，可以识别水体污染的主要来源和受影响区域，为制定水环境治理方案提供科学依据。

（4）科学决策支持的优势与挑战

科学决策支持的建立对环境保护工作具有重要意义。其优势在于能够基于客观的监测数据和科学的分析，准确评估环境问题的严重性和影响程度，为决策制定提供科学依据，提高治理效果和资源利用效率。然而，科学决策支持也面临一些挑战，例如数据的不完整和不准确、分析模型的建立和验证、决策过程中的利益冲突和权衡等问题，需要不断加强技术研究和管理实践，提高决策支持系统的可靠性和实用性。

（四）信息化技术应用

1. 数据管理和共享

（1）环境执法信息系统建设

信息化技术在环境执法中的应用首要体现在建立环境执法信息系统上。该系统应当具备统一的数据管理和共享功能，以实现各相关部门之间环境数据的互通共享。通过该系统，环保部门、水利部门、林业部门等可以将各自收集的环境数据输入其中，实现数据的集中管理和共享，避免信息孤岛和数据重复采集的问题，提高信息流通的效率和质量。

（2）数据标准化与规范化

在数据管理和共享过程中，应当重视数据的标准化与规范化。制定统一的数据标准和格式，确保不同来源的数据能够被正确地识别、存储和共享。同时，建立完善的数据质量管理机制，对数据进行及时的检查和修正，确保数据的准确性和可靠性。

（3）数据共享平台建设

除了建立统一的信息系统外，还可以建立数据共享平台，为公众和其他利益相关者提供环境数据的查询和获取服务。这样的平台应当具备友好的用户界面和高效的查询功能，方便用户获取所需的环境数据，并支持数据的在线浏览和下载。

2. 智能辅助决策

（1）数据分析与决策模型构建

信息化技术可以通过数据分析和模型计算，为执法人员提供智能辅助决策的功能。建立环境执法的数据分析模型和决策支持系统，对环境监测数据和执法案件信息进行深度挖掘和分析，从而为执法人员提供智能化的决策支持。

（2）自动化决策建议生成

基于建立的数据分析模型和决策支持系统，系统可以自动生成环境执法建议和决策方案。利用算法和模型对环境违法行为的犯罪模式和影响因素进行分析，为执法人员提供针对性的执法建议和决策方案，帮助其快速作出正确的决策。

（3）智能化决策支持工具

除了自动生成决策建议外，还可以开发智能化的决策支持工具，为执法人员提供个性化、实时的决策支持。这些工具可以基于实时的环境数据和执法需求，快速生成可行的执法方案，并提供相应的风险评估和决策建议，帮助执法人员作出科学的决策。

3. 执法监督公开透明

（1）执法信息公开平台建设

信息化技术可以实现对执法过程的全程监督和记录，确保执法活动的公正和透明。建立执法信息公开平台，公众可以通过该平台查询执法案件的处理结果和进展情况，了解执法部门的工作进展和执法效果，增强对执法活动的信任和满意度。

（2）数据透明化与公众参与

在执法信息公开平台上，应当实现数据的透明化和公众参与功能。公众可以查询到执法部门收集的环境数据和执法案件信息，了解环境问题的实际情况和执法部门的工作进展，同时可以通过平台提供意见和建议，参与到环境执法工作中来。

（3）执法监督机制的建立

除了执法信息公开平台外，还应建立健全的执法监督机制，加强对执法活动的监督和评估。利用信息化技术，建立执法过程的记录和审查系统，对执法行为进行全程监督和记录，及时发现和纠正执法中的不当行为和违法行为，保障执法活动的公正性和合法性。

第三节　环境执法效果评估与监督体系完善

一、执法效果评估指标的建立

（一）环境质量改善情况评估指标

1. 大气环境质量评估指标

（1）空气质量指数（AQI）

AQI 是衡量空气质量优劣的综合指标，包括 PM2.5、PM10、二氧化硫（SO_2）二氧化氮（NO_2）、一氧化碳（CO）、臭氧（O_3）六种污染物。通过监测这些指标并计算 AQI 值，可以客观评估大气环境质量的改善情况。

（2）PM2.5 和 PM10 浓度

PM2.5 和 PM10 是大气中的颗粒物，对人体健康和环境质量有直接影响。监测它们的浓度变化，可以反映大气污染程度和改善情况。

2. 水环境质量评估指标

（1）水质类别

水质类别是根据水体中污染物浓度和生态环境状况等因素划分的，一般包括优、良、轻度污染、中度污染和重度污染等级。评估水质类别的变化可以反映水环境质量的改善情况。

（2）主要污染物浓度

监测水体中主要污染物（如化学需氧量、氨氮、总磷、总氮等）的浓度变化，能够评估水体污染程度和治理效果。

3. 土壤环境质量评估指标

（1）土壤污染程度

根据土壤中重金属、有机物等污染物的浓度和土壤质地等因素，划分土壤污染的程度，包括无污染、轻度污染、中度污染和重度污染等级。

（2）重金属含量

监测土壤中重金属（如镉、铬、铅、汞等）的含量变化，能够评估土壤污染程度和治理效果。

（二）违法行为查处率评估指标

1.案件立案率

（1）案件立案率的意义和作用

案件立案率是环境执法部门评估执法效能的重要指标之一，它反映了执法机关对于发现的违法行为是否及时采取行动的能力。高的案件立案率意味着执法部门对违法行为的发现和反应能力较强，有助于维护环境法律的严肃性和权威性。

（2）影响案件立案率的因素

执法人员的素质和执法水平：执法人员的素质和执法水平直接影响案件的立案率。素质较高、执法水平较强的执法人员能够更加准确、迅速地发现违法行为，并及时立案处罚。

① 执法资源和装备的支持：充足的执法资源和先进的执法装备能够提高执法部门对于违法行为的监测和检测能力，有利于提高案件立案率。

② 法律法规的健全和完善：法律法规的健全和完善能够为执法部门提供明确的执法依据，减少立案过程中的疑虑和阻碍，有助于提高案件立案率。

2.处罚率

（1）处罚率的意义和作用

处罚率是环境执法部门评估执法效能的重要指标之一，它反映了执法机关对于立案的违法行为是否给予了相应的处罚。高的处罚率表明环境执法部门对违法行为的查处和处罚能力较强，有助于维护环境法律的严肃性和权威性。

（2）影响处罚率的因素

执法人员的执法意识和执行力：执法人员的执法意识和执行力直接影响处罚率。执法人员要具有严格的执法标准和纪律，保证对于违法行为的处罚决定得到及时执行。

① 法律法规的健全和完善：法律法规的健全和完善为执法部门提供了明

确的处罚依据，有利于提高处罚率。

② 社会舆论和监督力度：社会舆论和监督力度能够促使执法部门更加严格地执行处罚决定，提高处罚率。

3. 结案率

（1）结案率的意义和作用

结案率是环境执法部门评估执法效能的重要指标之一，它反映了执法机关对于处罚决定是否及时执行的能力。高的结案率表明环境执法部门对处罚决定的执行效率较高，有助于维护环境法律的严肃性和权威性。

（2）影响结案率的因素

① 执法人员的执行力和效率：执法人员的执行力和效率直接影响结案率。执法人员要严格执行执法决定，确保案件得到及时结案。

② 处罚决定的合理性和公正性：处罚决定的合理性和公正性能够增强当事人的配合意愿，有利于案件的及时结案。

③ 行政执法机关的组织协调和配合机制：行政执法机关内部各部门之间的组织协调和配合机制也是影响结案率的重要因素。良好的内部沟通和协作能够确保案件的顺利结案，避免因为内部矛盾或不协调而导致结案延迟。

（三）处罚执行情况评估指标

1. 处罚执行率

（1）意义和作用

处罚执行率是评估环境执法部门执行力度的重要指标之一，反映了环境执法部门对于下达的处罚决定是否得到有效执行的能力。高的处罚执行率表明执法部门对处罚决定的执行力度较大，有助于提高环境执法的严肃性和权威性。

（2）影响因素

① 执法力度和效率：执法部门的执法力度和效率直接影响处罚执行率。执法部门要采取有效措施，确保处罚决定得到及时有效地执行。

② 法律法规的严密性和完善性：法律法规的严密性和完善性为执法部门提供了明确的执法依据，有利于提高处罚执行率。

③ 社会舆论和监督力度：社会舆论和监督力度能够促使执法部门更加严格地执行处罚决定，提高处罚执行率。

2. 罚款收缴率

（1）意义和作用

罚款收缴率是评估环境执法部门对于处罚决定中规定的罚款是否得到有效收缴的指标，反映了执法部门对罚款追缴工作的严格程度。高的罚款收缴率表明执法部门对罚款的追缴工作较为严格，有助于维护环境法律的严肃性和权威性。

（2）影响因素

① 执法部门的追缴力度和效率：执法部门的追缴力度和效率直接影响罚款收缴率。执法部门要采取有效措施，加强对罚款的追缴工作，提高罚款收缴率。

② 违法行为者的配合程度：违法行为者的配合程度影响着罚款的收缴情况。违法行为者若能够配合执法部门，及时缴纳罚款，有助于提高罚款收缴率。

③ 执法部门的管理和监督机制：执法部门建立健全的罚款收缴管理和监督机制，能够提高罚款收缴率，确保罚款得到及时有效地收缴。

3. 整改落实率

（1）意义和作用

整改落实率是评估环境执法部门对违法行为的整改工作是否得到有效落实的指标，反映了执法部门对于违法行为整改工作的有效性。高的整改落实率表明执法部门对违法行为的整改工作较为有效，有助于维护环境法律的严肃性和权威性。

（2）影响因素

① 执法部门的督促和监督机制：执法部门建立健全的整改督促和监督机制，能够促使违法行为者积极配合，及时完成整改任务，提高整改落实率。

② 违法行为者的整改意愿和能力：违法行为者的整改意愿和能力直接影响整改落实率。若违法行为者能够自觉配合执法部门，积极完成整改任务，整改落实率将会提高。

③ 整改指导和支持措施：执法部门可提供整改指导和支持措施，包括提供技术、资金、政策等方面的支持，帮助违法行为者顺利完成整改任务，提高

整改落实率。

④ 加强跟踪检查和评估：加强对整改工作的跟踪检查和评估，确保整改任务得到及时有效地落实，及时发现问题并采取相应措施，提高整改落实率。

二、监督体系的建立与完善机制

（一）内部监督机制的建立

内部监督是环境执法机构自身负责的一种监督手段，旨在确保执法活动的规范性、公正性和效率性。

1. 定期评估执法人员的工作绩效

（1）建立评估指标体系

建立科学合理的评估指标体系是确保评估客观公正的基础。评估指标应包括以下三个方面。

① 执法案件数量：考核执法人员接收、立案的案件数量，反映其执法工作的任务量和积极性。

② 执法案件质量：包括处罚决定合法性、证据收集完整性等，评估执法人员的执法水平和质量。

③ 办结率和效率：考核执法人员办结案件的及时性和效率，评估其工作效率。

（2）定期评估机制

建立定期评估制度，例如每季度或每年对执法人员进行绩效评估，确保评估工作的及时性和持续性。评估结果应被纳入个人绩效考核和奖惩机制中，以激励执法人员积极履职。

2. 建立执法行为记录和档案管理制度

（1）执法行为记录

要求执法人员对每起执法行为进行记录，包括巡查、立案、处罚等。记录应包括时间、地点、涉案方及违法行为等信息，建立行为记录档案，以备查阅和核查。

（2）档案管理制度

建立完善的档案管理制度，包括执法记录的归档、保存、检索等。档案应按照规定保存期限进行存档，并确保档案的真实、完整、可追溯。

3.开展执法培训和考核

（1）培训计划制定

制定执法人员培训计划，涵盖法律法规、执法技能、案件处理等内容。培训计划应根据执法人员的实际需求和工作任务进行制定，以提升其专业水平和业务能力。

（2）定期考核机制

建立定期考核制度，对执法人员的业务水平、执法态度、法律知识等进行考核。考核结果应被纳入个人绩效考核和奖惩机制中，以激励执法人员不断提升自身素质和能力。

（二）外部监督机制的建立

外部监督由社会公众和相关机构参与，是确保执法活动公正和透明的重要手段。

1.建立投诉举报渠道

（1）公众举报平台

建立便捷的公众举报渠道是保障公众参与的重要方式。通过设立举报电话、网站或投诉邮箱等，使公众能够便利地向有关部门反映环境违法行为，提高社会参与度。

（2）投诉受理机构

设立专门的投诉受理机构，负责收集、登记、受理和处理公众的投诉举报。该机构应确保举报人的合法权益，保障投诉信息的保密性和处理的公正性。

2.组织第三方评估机构对环境执法工作进行评估

（1）委托评估机构

委托独立的第三方评估机构对环境执法工作进行评估，包括执法效率、公正性、规范性等方面。评估机构应具备专业性和客观性，提供客观的评价和建议。

（2）评估报告公布

公布评估结果及报告，接受社会监督。评估报告应公开透明，及时发现问题并加以改进，增强执法部门的透明度和公信力，提高社会对执法工作的信任度。

3. 加强与公众的沟通和交流

（1）定期召开听证会

定期召开环境执法听证会，邀请公众代表参与。听证会可以就重大环境执法决策进行听证和意见征询，增强公众参与感和信任度，提高决策的民主性和科学性。

（2）信息公开透明

主动向公众公开执法活动的相关信息，包括执法计划、执法结果、案件处理情况等。通过信息公开，增强执法部门的透明度和公信力，促进社会各界的监督和参与，推动执法工作的规范化和科学化。

（三）投诉处理机制和行政复议制度的建立

为保障公民的合法权益，应建立健全的投诉处理机制和行政复议制度。

1. 建立投诉处理机制

（1）投诉受理和处理程序

确立明确的投诉受理和处理程序，包括投诉途径、受理条件、处理时限等，以保证公民的投诉能够及时、公正地受理和处理。投诉处理程序应该符合法律法规的规定，并具有透明、高效的特点，使公民可以便捷地进行投诉。

（2）投诉回访机制

建立投诉回访机制，对投诉处理结束后的结果进行回访。通过回访，了解投诉人对处理结果的满意度和意见建议，及时发现问题并加以改进。这有助于提高投诉处理工作的质量和效率，增强公民对执法部门的信任感。

2. 建立行政复议制度

（1）复议申请途径

为公民设立行政复议申请途径，使其可以向相关行政机关提出复议申请，要求对涉及环境执法的行政处罚决定进行复审。应当明确复议申请的途径和条件，确保公民的合法权益得到有效保障。

（2）复议程序公开透明

明确行政复议的申请流程和审理程序，确保复议过程的公正、公开和透明。复议申请人应当有权查阅相关材料，并且有权参与听证等程序，以保障其合法权益。

（3）复议决定的执行

对于经行政复议决定变更的行政处罚，执法部门应当及时落实执行，并向申请人说明具体执行情况。同时，应当建立完善的记录和通报机制，确保复议决定得到有效执行，维护执法活动的合法性和效果。

第七章　应对气候变化的法律措施

第一节　气候变化法律框架与政策调整

一、气候变化法律体系的建立与完善

（一）法律框架的建立

1. 明确法律法规体系

（1）环境法的角色与定位

气候变化问题涉及大气、水、土壤等多个环境要素，因此环境法在气候变化法律框架中具有重要的地位。环境法包括大气污染防治法、水污染防治法、土壤污染防治法等，这些法律规定了对环境污染的防治措施和责任追究机制。在应对气候变化中，环境法可以作为一个重要的支撑，通过对温室气体排放的管控、对环境资源的保护等方面发挥作用。

（2）能源法的重要性

能源是导致气候变化的主要原因之一，因此能源法在气候变化法律框架中具有重要地位。能源法涉及能源资源的开发、利用和管理，包括石油、天然气、煤炭、核能等各种能源形式的法律规范。通过能源法的制定和实施，可以促进清洁能源的发展和利用，减少对高碳能源的依赖，从而降低温室气体排放，应对气候变化挑战。

（3）气候变化法的建设

除了环境法和能源法外，单独的气候变化法也是构建气候变化法律框架的重要组成部分。这些法律主要涉及对温室气体排放的管控、碳市场的建立、气

候变化适应措施的推进等内容。例如，一些国家已经制定了气候变化法，规定了国家对气候变化的政策目标、减排措施、适应行动等。这些法律为国家在应对气候变化方面提供了具体的法律依据和制度保障。

2.明确政府职责和任务

（1）中央政府的总体规划和指导

中央政府在气候变化法律框架中应当负责制定总体的气候变化政策和规划，指导各级政府和相关部门开展应对气候变化的工作。中央政府可以制定气候变化法律，明确国家的减排目标、适应措施和政策措施，同时组织协调各方的合作，推动气候变化工作的落实。

（2）地方政府的具体实施和监督

地方政府作为中央政府的执行者，应当具体负责气候变化工作的实施和监督。地方政府可以根据中央政府的指导，结合本地区的实际情况，制定具体的气候变化行动计划和措施，并组织实施。同时，地方政府还应当加强对气候变化工作的监督和评估，确保相关政策的有效执行和效果的实现。

（2）相关部门的协同合作

除了政府部门外，其他相关部门也应当参与到气候变化工作中来，共同推动气候变化法律框架的实施和落实。例如，科技部门可以提供技术支持，环保部门可以监督温室气体排放情况，财政部门可以提供资金支持等。这些部门之间需要加强协同合作，形成合力，共同应对气候变化带来的挑战。

（二）法律体系的完善

1.修订和制定法律法规

（1）加强对温室气体排放的管控

随着气候变化加剧，减少温室气体排放已成为全球性共识和紧迫任务。为此，需要修订现有法律法规，加强对温室气体排放的管控。这包括设定更为严格的减排目标和标准，制定更加具体和有效的减排措施。同时，还应加强对排放源的监测和评估，确保排放数据的真实性和可靠性，为减排政策的制定和实施提供科学依据。

（2）推动低碳发展

低碳发展是应对气候变化的重要途径之一。为促进低碳发展，需要建立健全的法律法规体系，包括对清洁能源的支持政策、对高碳能源的限制和淘汰政策等。此外，还应加强对低碳技术和产业的扶持和引导，推动低碳技术的创新和应用，促进经济转型和可持续发展。

（3）强化环境保护和生态修复

气候变化对生态环境造成了严重影响，因此需要加强环境保护和生态修复工作。法律法规应当明确生态环境保护的原则和要求，加大对生态系统的保护力度，防止生态环境的进一步恶化。同时，还应加强对污染源的治理和整治，修复受损生态系统，恢复生态环境的稳定性和健康状态。

2. 完善执法和监管机制

（1）建立健全的执法机构和监管体系

为保障法律法规的有效实施和执行，需要建立健全的执法机构和监管体系。这包括建立专门的环境保护和气候变化执法机构，加强对环境污染和温室气体排放的监管和执法力度。同时，还应完善相关执法人员的培训和考核制度，提升执法水平和能力。

（2）加强对气候变化相关行为的监督和处罚

针对违反气候变化法律法规的行为，需要加大监督和处罚力度。这包括对温室气体排放超标、环境污染行为等进行严厉打击，依法追究相关责任人的法律责任。同时，还应建立健全的处罚机制和惩罚措施，形成对违法行为的有效震慑，维护法律的严肃性和权威性。

（3）提升法律执行效能

除了加强执法和监管外，还需要提升法律执行效能。这包括加强对法律法规执行情况的监督和评估，及时发现和解决执行中的问题和障碍。同时，还应加强对公众和企业的宣传和教育，提升其对气候变化法律法规的认识和遵守意识，形成全社会共同参与应对气候变化的良好氛围。

3. 加强国际合作与交流

（1）深化国际合作机制

面对气候变化这一全球性挑战，需要加强国际合作与交流。各国应积极参与国际气候变化谈判，推动全球气候治理体系的完善和进步。同时，还应加强与其他国家和国际组织的合作，共同应对气候变化挑战，分享经验和技术，共建气候变化合作共同体。

（2）加强信息共享和技术交流

在国际合作中，信息共享和技术交流是至关重要的。各国应加强对气候变化相关信息和数据的共享，建立健全的信息平台和网络，加强对气候变化的监测和评估。同时，还应加强对先进技术和科研成果的交流和合作，促进清洁能源技术的创新和应用，推动全球气候变化治理朝着更加科技驱动的方向发展。

（3）推动全球气候治理体系的完善

国际合作的最终目标是推动全球气候治理体系的完善。各国应加强对现有国际气候治理体系的改革和完善，提升其适应性和灵活性，更好地应对气候变化的挑战。同时，还应加强对国际气候政策和法律法规的协调和统一，形成更加稳定和可持续的全球气候治理格局，共同推动构建一个全球性的气候变化应对体系。

二、政策调整对气候变化的影响与作用

（一）政策调整的目的与意义

1. 提高应对效率与效果

政策调整的目的之一是提高应对气候变化的效率和效果。随着气候变化的日益加剧和影响的不断显现，现有的政策可能存在不足或需要进一步优化。政策调整可以通过以下几个方面来实现这一目标：

（1）修订现有政策

审视并修订现有的气候变化政策，针对其在实施过程中出现的问题和挑战进行调整。修订政策可能涉及目标设定、政策措施、法律法规等方面的调整，以提高政策的实施效率和达成预期效果的可能性。

（2）完善政策措施

完善已有的政策措施，使其更加全面和有效。这包括对政策执行的监督和评估，以及对政策措施的优化和改进，以确保其能够更好地应对气候变化所带来的挑战。

（3）制定新政策

针对新出现的气候变化问题或者原有政策无法有效解决的问题，需要及时

制定新的政策措施。这可能涉及开展科学研究、调查评估、社会参与等工作，以确保新政策的科学性、有效性和可行性。

通过以上措施，政策调整可以使现有的气候变化政策更加适应当前的环境和需求，提高政策实施的效率和效果，从而更好地推动社会各界应对气候变化挑战。

2. 加强社会认识与行动

政策调整不仅仅是为了提高政策的效率和效果，更重要的是为了加强社会各界对气候变化问题的认识和行动。在这方面，政策调整可以发挥以下作用：

（1）提升公众意识

通过调整政策，可以提升公众对气候变化问题的认识和理解。政策的调整可能会引起媒体和公众的关注，从而增加了对气候变化问题的讨论和关注度，促使更多人意识到气候变化对人类生存和发展的重要性。

（2）激发公众行动

调整政策不仅是为了提高公众对气候变化问题的认识，更重要的是为了激发公众采取行动。政策调整可能会涉及个人生活、工作和消费等方面，促使公众更加积极地采取低碳生活方式，减少温室气体排放，为应对气候变化贡献自己的力量。

（3）推动社会转型

政策调整还可以推动社会各界向低碳、绿色方向转型。通过调整政策，可以鼓励企业加大对清洁能源和环保技术的投资，推动产业结构的转型升级，促进经济社会的可持续发展。

通过政策调整，可以实现社会各界对气候变化问题的更深入理解和更积极的行动，从而为应对全球气候变化挑战作出更大的贡献。

3. 推动可持续发展

除了提高应对效率和加强社会认识外，政策调整还具有推动可持续发展的重要意义。在这方面，政策调整可以发挥以下作用：

（1）促进经济转型

通过调整政策，可以引导经济向低碳、绿色方向转型。这包括推动清洁能源产业的发展、加大对环保技术的支持、鼓励绿色投资和创新等，从而促进经济的可持续发展。

（2）实现资源有效利用

政策调整可以促进资源的有效利用，减少资源浪费和环境污染。通过制定资源节约和循环利用政策，可以提高资源利用效率，减少对自然资源的过度开采，实现资源的可持续利用。

（3）促进社会公平与包容

政策调整还可以促进社会公平与包容。通过调整社会保障政策和就业政策，可以缩小贫富差距，提高弱势群体的生活水平，实现经济社会的可持续发展。

（二）政策调整的影响与作用

1. 加强温室气体排放管控

政策调整对于加强温室气体排放的管控具有重要作用。以下是政策调整对温室气体排放管控的影响和作用：

（1）制定更严格的排放标准和减排目标

政策调整可以推动政府部门制定更加严格的温室气体排放标准和减排目标。这些标准和目标可以涉及各个行业和领域，包括工业、交通、能源等，从而促使企业和行业采取更加积极的措施减少温室气体的排放。

（2）推动企业和行业实施清洁、低碳生产方式

政策调整可以通过激励措施和惩罚机制，鼓励企业和行业采取更加清洁、低碳的生产方式。这可能包括使用清洁能源、提高能源利用效率、采用清洁生产技术等，从而降低温室气体的排放量。

（3）有效应对气候变化挑战

加强温室气体排放管控是应对气候变化挑战的关键措施之一。通过政策调整，可以有效减少温室气体的排放，降低气候变化对环境、经济和社会的不利影响，保护生态环境和人类健康。

2. 提高可再生能源利用率

政策调整对于提高可再生能源利用率起到了重要作用。以下是政策调整对可再生能源利用率的影响和作用：

（1）出台激励政策和补贴措施

政策调整可以通过出台激励政策和补贴措施，鼓励和支持可再生能源的开发和利用。这包括对可再生能源项目提供财政补贴、税收优惠、电价补贴等，降低可再生能源的成本，提高其竞争力。

（2）减少对传统化石能源的依赖

政策调整有助于减少对传统化石能源的依赖，提高可再生能源在能源结构中的比重。这有助于降低碳排放水平，减缓气候变化的速度，推动能源结构向清洁、低碳方向转型。

（3）促进能源结构的转型升级

政策调整可以促进能源结构的转型升级，推动可再生能源的大规模应用和普及。通过鼓励投资者和企业增加对可再生能源的投资，扩大可再生能源的装机规模，实现能源生产方式的转型升级。

3. 引导生产生活方式转变

政策调整对于引导生产和生活方式的转变起到了关键作用。以下是政策调整对生产和生活方式转变的影响和作用：

（1）制定节能减排政策

政策调整可以通过制定节能减排政策，鼓励企业和个人采取节能减排措施，降低能源消耗和碳排放。这可能包括对能源消耗高、排放大的行业和产品实施限制或约束，鼓励采用节能技术和设备。

（2）推广绿色产品和技术

政策调整可以通过推广绿色产品和技术，促进生产和消费方式的绿色转型。这可能包括对绿色产品提供税收优惠或补贴，加大对绿色技术研发和应用的支持，推动绿色产业的发展壮大。

（3）激励节能减排行为

政策调整可以通过激励措施，鼓励个人和家庭采取节能减排行为。这可能包括对节能产品提供奖励或补贴，建立碳排放权交易市场，设立碳税或排放权交易制度等，从而推动社会向低碳生活方式转变。

第二节　减排与碳交易法规研究

一、减排政策的制定与实施

（一）减排目标的设定

1. 科学评估与国际协定

减排目标的设定首先需要进行科学评估，这一过程基于气候科学的研究成果，确定可持续发展与气候变化之间的平衡点。科学评估主要涉及以下几个方面：

（1）气候模型和数据分析

科学评估通常依赖于气候模型和数据分析，通过对大气、海洋和陆地系统的模拟和分析，预测未来气候变化的趋势和影响。这些模型和数据分析提供了减排目标制定的科学依据和参考。

（2）碳排放量和碳吸收能力评估

科学评估还需要评估碳排放量和碳吸收能力的情况，包括人类活动产生的温室气体排放量、森林和海洋等自然系统的碳吸收能力，以及土地利用变化对碳循环的影响等。这些评估有助于确定全球和各国减排的具体目标。

（3）气候变化影响评估

科学评估还需要评估气候变化对环境、经济和社会的影响，包括极端天气事件频率和强度的变化、海平面上升的速度和影响、生态系统的变化等。这些影响评估有助于确定减排目标的紧迫性和必要性。

国际协定如《联合国气候变化框架公约的巴黎协定》（简称"巴黎协定"）等提出了全球减排目标，各国应在此基础上制定符合自身国情的减排目标。国际协定在减排目标的设定上起到了引导和约束作用，为各国制定减排政策和措施提供了重要参考。同时，国际协定还促进了全球范围内的减排合作和共享，推动了全球减排目标的实现和落实。

2. 降低温室气体排放

减排目标的设定旨在降低温室气体排放量，减缓气候变化的速度。以下是减排目标设定在降低温室气体排放方面的作用和影响：

（1）跨领域减排行动

减排目标通常涉及多个关键领域，包括能源、工业、交通、建筑等。制定减排目标可以促使各个领域采取相应的减排措施，实现全社会的减排行动。例如，通过推动清洁能源替代化石能源、提高能源利用效率、改善交通运输方式、推广节能技术等措施，降低温室气体排放量。

（2）国际合作与共享

减排目标的设定有助于促进国际合作与共享，推动全球减排目标的实现。各国可以在共同努力下，分享减排经验、技术和资源，共同应对气候变化挑战。国际合作可以加速减排技术的创新和推广，提高减排效率和效果。

（3）监测和评估

减排目标的设定需要建立有效的监测和评估机制，及时跟踪温室气体排放量的变化和减排效果的实现情况。通过监测和评估，可以及时发现问题和不足之处，调整和优化减排政策和措施，确保减排目标的实现和落实。

（二）政策工具的选择

1. 碳定价

碳定价作为一种重要的政策工具，在应对气候变化中发挥着关键作用。以下是碳定价的主要特点和作用：

（1）内部化排放成本

碳定价通过向温室气体排放者收取排放费用或实施碳市场交易，使碳排放成本内部化。这意味着排放者需要承担其排放行为所产生的外部成本，从而促使其采取减排行动，寻求更加清洁、低碳的生产方式和能源利用方式。

（2）激励减排行为

通过设立碳税或建立碳排放交易市场，碳定价可以激励企业和个人采取减排措施。由于碳排放成本的增加，排放者将寻求降低排放量的方法，例如采用更加节能、清洁的技术，或者转向使用清洁能源，从而实现减排目标。

（3）经济效率

碳定价可以促进经济效率的提升。通过设立碳市场，允许碳排放额度的交易，使得减排成本最低的单位可以通过交易获得额外的收益，从而在全社会内实现了最经济的减排方式。

（4）收入再分配

碳定价所得的收入可以用于再分配，例如用于支持清洁能源发展、弱势群体补贴或其他环境保护项目。这有助于缓解碳定价可能带来的社会经济影响，同时促进可持续发展。

2. 排放许可制度

排放许可制度作为另一种重要的减排政策工具，在实现减排目标方面发挥着重要作用。以下是排放许可制度的主要特点和作用：

（1）排放限额控制

排放许可制度通过向排放者分配一定数量的排放许可证，限制其排放量，从而实现减排目标。这种制度有效地将排放总量控制在可接受的范围内，保障了环境质量和气候稳定。

（2）市场化机制

排放许可制度允许排放额度的交易，使得排放限额可以根据市场需求和供给进行调整。这种市场化机制鼓励低成本的减排方式，促进了经济效率和资源优化配置。

（3）技术创新推动

由于排放许可制度的实施，企业需要寻求更加清洁、低碳的生产技术和设备，以满足排放许可的限制。这有助于推动清洁技术的创新和应用，促进技术进步和产业升级。

（4）逐步调整排放水平

随着时间的推移，排放许可制度可以逐步调整排放水平，逐步降低总体排放量。这有助于实现长期的减排目标，推动经济社会向可持续发展方向转型。

3. 能源效率标准

能源效率标准是制定强制性的能源效率要求，以促进能源的有效利用和减少温室气体排放。以下是能源效率标准的主要特点和作用：

（1）强制性要求

能源效率标准通过法律法规的形式，对产品或设备的能源消耗进行强制性的规定。这使得生产者和消费者在选择和使用产品时必须遵守一定的能源效率标准，从而促进了能源的有效利用。

（2）技术升级

强制性的能源效率标准要求制造商不断改进产品设计和生产工艺，以提高能源利用率和降低能源消耗。这推动了技术的不断创新和升级，促进了清洁技术的应用和推广。

（3）节能减排

能源效率标准的实施有助于降低产品和设备的能源消耗，从而减少了温室气体的排放。通过促进节能技术和设备的应用，能源效率标准为减排目标的实现提供了重要支持。

（4）市场导向

能源效率标准引导了市场向能源效率更高的产品和设备转变。生产者和消费者在市场上选择产品时会考虑能源效率标准，这促使厂商不断提升产品质量和能效水平，以适应市场需求。

4. 清洁能源补贴

清洁能源补贴是通过政府补贴、税收优惠等方式，鼓励和支持清洁能源的发展和利用。以下是清洁能源补贴的主要特点和作用：

（1）促进清洁能源发展

清洁能源补贴提供了资金支持和经济激励，促进了清洁能源的发展和利用。这包括太阳能、风能、水能等可再生能源以及核能等清洁能源的开发和利用。

（2）降低清洁能源成本

清洁能源补贴可以降低清洁能源的成本，提高其竞争力。通过政府补贴和税收优惠，清洁能源的生产成本和市场价格得以降低，从而吸引更多的投资和使用。

（3）减少碳排放

清洁能源补贴有助于减少对传统化石能源的依赖，降低温室气体的排放。清洁能源具有较低的碳排放水平，因此其大规模应用可以有效减少温室气体的排放，应对气候变化挑战。

（4）推动产业发展

清洁能源补贴为清洁能源产业的发展提供了重要支持。通过政府补贴和税收优惠，清洁能源企业得以获得资金支持和市场保障，推动了清洁能源产业的技术创新和产能扩大。

二、碳交易制度的建立与运行

（一）碳市场建设

1. 明确交易规则

在建立碳市场时，明确的交易规则是确保市场有效运行和参与者公平交易的关键。这些规则不仅要考虑市场的稳定性和可预测性，还要平衡各利益相关者的需求。具体而言，交易规则应包括以下几个方面：

（1）交易对象

在建立碳市场时，确定哪些温室气体排放量可以作为交易的对象是至关重要的。通常情况下，交易对象涵盖了主要的温室气体，其中包括二氧化碳（CO_2）、甲烷（CH_4）、一氧化二氮（N_2O）等。这些气体是主要的温室气体，它们对地球大气层的温室效应起着重要的作用，对全球气候变化产生着显著的影响。

第一，二氧化碳是最主要的温室气体之一，它的排放主要来自燃烧化石燃料、工业生产和森林砍伐等活动。二氧化碳的排放量巨大且持续性较长，对全球气候变化的影响较为显著，因此在碳市场中通常被视为重要的交易对象。

第二，甲烷是另一种重要的温室气体，其排放主要来自生物质分解、沼气排放、农业活动和垃圾填埋等过程。尽管甲烷的排放量相对较少，但其温室效应却比二氧化碳高数十倍，因此在碳市场中也具有重要地位。

第三，一氧化二氮也是一种重要的温室气体，其排放主要与农业活动（如化肥使用）和工业生产有关。尽管一氧化二氮的排放量相对较少，但它对全球气候变化的贡献不容忽视。

确定这些主要温室气体排放量作为交易的对象，有助于全面把握碳排放的情况，有效监管和管理碳市场，推动减排行动的开展。同时，通过交易这些温室气体排放量，可以促进企业和组织采取更多的减排措施，推动经济向低碳发展，从而为全球应对气候变化提供重要支持。

（2）交易方式

在确定碳交易的方式时，需要考虑到不同的形式以及它们对市场的影响。通常，碳交易可以采用拍卖、竞价、指定价格等多种方式进行。这些不同的交易方式在市场运作和参与者策略选择方面都具有不同的特点和影响。

第一，拍卖是一种常见的碳交易方式，其特点是通过竞拍方式确定碳配额的价格和分配。在拍卖过程中，参与者通过出价来争夺碳配额，最终由出价最高者获得配额。拍卖方式能够在一定程度上反映市场需求和供给，但也可能导致价格波动较大，参与者的策略选择也更为灵活。

第二，竞价是另一种常见的碳交易方式，其特点是由参与者根据市场情况自主报价进行交易。在竞价过程中，买方和卖方根据自身的利益和预期来确定交易价格，通过竞价形成市场价格。竞价方式具有较高的市场灵活性，能够更好地反映市场供需关系和参与者的意愿，但也可能导致价格波动较为频繁。

第三，还有指定价格等形式的碳交易方式，其特点是由政府或相关机构指定碳配额的价格，参与者按照指定价格进行交易。这种方式能够保持市场价格的稳定性，降低交易成本，但也可能限制了市场的灵活性和效率。

不同的交易方式在碳市场中都有其应用场景和优缺点。在实际运作中，需要根据市场情况和政策目标选择合适的交易方式，以促进市场的健康发展和减排目标的实现。通过灵活运用不同的交易方式，可以更好地激励企业和组织参与减排行动，推动碳市场向低碳、绿色方向发展。

（3）交易周期

确定碳交易的周期对于市场的流动性和稳定性至关重要。交易周期包括交易频率和交易期限两个方面。

第一，交易频率指的是碳交易市场进行交易的频繁程度。通常情况下，碳交易市场可以设定不同的交易频率，如每日交易、每周交易或每月交易等。较高的交易频率意味着市场参与者可以更频繁地进行买卖活动，增加了市场的流动性和灵活性。然而，过高的交易频率可能导致市场价格波动过大，增加了市场的不稳定性。因此，在确定交易频率时需要综合考虑市场需求、参与者的交易行为以及市场监管等因素。

第二，交易期限指的是碳交易合约的有效期限。交易期限可以根据市场需求和政策目标来设定，通常可以是短期或长期的。短期交易期限可以提供更灵活的交易机会，使市场参与者能够更快速地响应市场变化。长期交易期限则可以提供更稳定和可预测的市场环境，有助于长期投资和规划。在确定交易期限时，需要平衡市场的流动性和稳定性，以及参与者的需求和利益。

（4）价格形成机制

碳价格的形成机制对于碳市场的有效性和参与者的行为具有重要影响。在确定价格形成机制时，可以考虑基于供需关系的市场价格和政府设定的最低价格或价格范围两种方式。

第一，基于供需关系的市场价格是指碳价格由市场上的供给和需求关系决定。在这种机制下，碳价格会根据市场参与者对碳配额的需求和供应情况而波动。供给方是指拥有碳配额的市场参与者，而需求方则是需要碳配额来履行减排义务或投资碳减排项目的市场参与者。市场价格会随着供需关系的变化而变动，从而反映了碳市场的供需状况和市场参与者的行为预期。这种价格形成机制能够反映市场的实际情况，为市场提供了一种相对自由、灵活的价格调节机制。

第二，政府设定的最低价格或价格范围是指政府根据环境政策目标和经济状况设定的碳价格底线或价格波动范围。政府可以通过设定最低价格来确保碳价格不低于一定水平，以鼓励减排行为和推动清洁能源发展。政府也可以设定价格范围，给予市场一定的价格波动空间，以适应市场需求和经济变化。这种价格形成机制主要由政府控制，能够提供市场的稳定性和预测性，同时也可以引导市场参与者朝着符合环境政策目标的方向发展。

2.建立交易平台

建立有效的碳交易平台是推动碳市场建设的核心任务之一。一个良好的交易平台应具备以下特点：

（1）便捷性

便捷性是碳交易平台设计中至关重要的一环，它直接影响着参与者的交易体验和市场的流动性。一个提供便捷性的交易平台应该具备以下几个方面的特点。

第一，交易平台的操作界面应该简洁明了，易于理解和操作。参与者在进行交易活动时，需要能够清晰地了解交易流程和各项操作的意义。因此，设计一个直观、用户友好的交易界面对于提高交易的便捷性至关重要。交易平台应当避免烦琐的操作步骤和复杂的页面布局，尽可能简化用户的操作流程，降低学习成本，提高交易效率。

第二，交易平台应该提供多样化的交易功能和工具，以满足不同参与者的需求。这包括但不限于市场报价、成交查询、账户管理等功能。通过提供多种功能和工具，交易平台能够更好地满足参与者的个性化需求，提高其交易的灵活性和便捷性。

第三，交易平台应该具备高效的交易执行和结算系统，确保交易的及时性和准确性。参与者在交易过程中需要能够快速地提交订单、执行交易，并及时获取交易结果。同时，交易平台应当具备完善的结算系统，能够及时清算交易款项，确保参与者的资金安全和交易的顺利进行。

第四，交易平台还应该提供良好的客户服务和技术支持，及时解决参与者在交易过程中遇到的问题和困难。这包括提供在线客服、交易指南、常见问题解答等服务，帮助参与者更好地理解交易规则和操作流程，提高其交易的便捷性和满意度。

（2）安全性

安全性是碳交易平台设计和运营过程中至关重要的考量因素之一。一个具备高水平安全保障措施的交易平台能够有效保护交易数据和资金安全，防范各类网络攻击和欺诈行为，从而增强市场参与者的信任和满意度。

第一，交易平台需要采取严格的身份验证措施，确保每个参与者的身份信息真实可靠。通过采用多因素身份验证、实名认证等手段，可以有效防止身份冒用和账户盗用等问题，保障参与者的交易安全。

第二，交易平台应建立完善的数据加密和隐私保护机制，确保交易数据的机密性和完整性。采用先进的加密算法和安全传输协议，对交易数据进行加密传输和存储，防止数据泄露和篡改，保护参与者的隐私权和交易信息安全。

第三，交易平台需要部署有效的防火墙和入侵检测系统，及时发现和阻止潜在的网络攻击和恶意行为。通过建立多层次的安全防护体系，对网络流量进行实时监控和分析，及时发现并应对各类安全威胁，保障交易平台的稳定运行和数据安全。

第四，交易平台还应建立健全的风险管理体系，制定相应的风险评估和管理政策，及时应对交易中可能出现的各类风险和事件。通过建立风险预警机制和紧急应对措施，有效应对市场波动和突发事件，保障参与者的资金安全和交易稳定。

（3）高效性

高效性在碳交易平台的设计和运营中是至关重要的因素之一。一个高效的交易平台应具备快速、准确的交易匹配和结算机制，以确保交易的及时性、可靠性和高效性，从而提升市场的流动性和交易效率，为市场参与者提供良好的交易体验和服务。

第一，交易平台应采用高度自动化的交易系统，实现交易的快速匹配和执行。通过采用先进的交易引擎和算法，实现交易订单的高效撮合和执行，减少交易延迟和滑点，提高交易的执行速度和准确性，确保交易的及时性和有效性。

第二，交易平台应建立高效的结算和清算机制，确保交易资金的安全和准确结算。通过采用实时结算和快速清算技术，实现交易资金的及时结算和清算，降低结算风险和资金占用成本，提高交易的结算效率和安全性。

第三，交易平台应提供便捷的交易界面和操作流程，方便参与者进行交易活动。通过简洁、直观的交易界面和操作流程，减少交易操作的复杂度和障碍，降低交易的学习成本和操作风险，提高市场参与者的交易便捷性和满意度。

第四，交易平台还应建立高效的客户服务和技术支持体系，及时响应用户需求和问题，提供专业的咨询和支持服务。通过建立多渠道的客户服务平台和在线技术支持系统，为用户提供全天候的服务和支持，提高用户的交易体验和满意度。

（4）信息透明

信息透明是碳交易平台不可或缺的重要特征之一，对于市场的公开性和参与者的决策提供了至关重要的支持。一个信息透明的交易平台应当提供充分的交易信息和市场数据，确保参与者能够获取到全面、准确的市场信息，以便他们作出明智的交易决策。

第一，交易平台应提供即时更新的市场行情和交易数据。这包括碳价格、交易量、成交价、成交量等关键指标的实时更新，使市场参与者能够及时了解市场的最新情况，把握市场的动态变化，及时调整交易策略和风险管理。

第二，交易平台应提供详尽的交易产品和合约信息。这包括交易产品的规格、合约期限、交易规则、交易费用等详细信息，使参与者能够全面了解交易产品的特点和风险，选择适合自己的交易策略和产品组合。

第三，交易平台应提供全面的市场分析和研究报告。这包括市场趋势分析、行业动态分析、技术分析、政策解读等专业报告，为参与者提供专业的市场分析和决策参考，帮助他们更好地理解市场走势，把握交易机会。

第四，交易平台还应提供交易者之间的交流和共享平台。这包括在线讨论区、交易社区、专家咨询等交流平台，为参与者提供交流和互动的机会，促进信息共享和交流，增强市场的透明度和公开性。

3. 设立监管机构

为了保障碳市场的健康发展和公平竞争，需要设立专门的监管机构来监督和管理碳交易活动。监管机构的职责包括：

（1）制定监管规定

制定监管规定是确保碳交易市场秩序稳定、公平公正运行的重要举措之一。这些规定旨在规范市场参与者的行为，保护投资者权益，促进市场的健康发展。在制定监管规定时，需要考虑以下几个方面。

第一，监管规定应明确市场参与者的资格和注册要求。这包括交易平台的注册要求、交易者的身份验证、资质审查等，以确保市场参与者的合法性和资质，防止不法分子进入市场，保护投资者权益。

第二，监管规定应规范市场交易行为。这包括交易行为的禁止和限制，交易规则和交易流程的规定，交易者的交易行为监控和追踪等，以确保市场交易的公平、公正和透明，防止市场操纵和内幕交易等违规行为。

第三，监管规定应明确市场监管机构的职责和权力。这包括监管机构的设立和组织架构、监管职责和权限、监管程序和处罚措施等，以确保监管机构能够有效履行监管职责，保护市场秩序和投资者权益。

第四，监管规定还应规定市场信息披露和透明度要求。这包括交易平台和市场参与者的信息披露要求、市场交易数据和报告的公开要求等，以确保市场信息的真实、准确和及时披露，增强市场透明度和公开性。

第五，监管规定应设立有效的监督和执法机制。这包括监督和检查机制、投诉受理和处理机制、违规行为处罚和惩戒机制等，以确保监管规定的执行和落实，保护市场秩序和投资者利益。

（2）监督市场交易

监督市场交易是保障碳交易市场秩序稳定和公平公正运行的重要任务之一。监管机构应当积极履行监督责任，采取有效措施监督市场交易活动，以防范市场操纵和内幕交易等违规行为，维护市场的公平、公正和透明。

第一，监管机构应对市场交易活动进行全面监控和监测。这包括监控交易平台上的交易信息披露情况、市场交易数据的变化情况以及交易参与者的交易行为等。通过建立监控系统和技术手段，监管机构可以实时监测市场交易情况，及时发现异常交易行为，加强对市场交易的监督和管理。

第二，监管机构应加强对交易合规性的审查和监督。这包括审核交易参与者的身份和资格、审查交易行为的合规性和合法性等。监管机构应设立专门的合规性审查部门，加强对市场交易活动的监督和审核，确保交易行为符合相关法律法规和交易规定，防范市场操纵和欺诈行为。

第三，监管机构还应加强对市场信息披露的监督和管理。这包括监督交易平台和市场参与者按照规定及时、准确、全面地披露交易信息和市场数据，加强对市场信息披露的审核和监督，防止虚假信息和误导性信息对市场的影响。

第四，监管机构应建立有效的投诉受理和处理机制，及时处理市场参与者的投诉和举报，加强对投诉事件的调查和处理，保护投资者的合法权益，维护市场的公平、公正和透明。

（3）处理违规行为

处理违规行为是监管机构维护碳交易市场秩序和公平竞争环境的重要职责之一。当市场参与者违反相关规定或者进行违规行为时，监管机构应及时采取相应的监管措施，以确保市场交易活动的合法性、公平性和透明性。

第一，监管机构应建立健全的违规行为识别和监测机制。通过监控系统、举报渠道等方式，及时发现和识别市场参与者的违规行为，包括市场操纵、内幕交易、虚假宣传等行为，以及其他违反交易规定和法律法规的行为。

第二，针对违规行为，监管机构应采取相应的监管措施进行处理。这包括发出警告、处以罚款、暂停或撤销交易资格等措施，根据违规行为的性质和情节进行处罚。警告是对轻微违规行为的警告，罚款是对违规行为的经济处罚，暂停或撤销交易资格则是对严重违规行为的惩戒措施，以维护市场秩序和公平竞争环境。

第三，监管机构还应加强对市场参与者的监管和管理，建立健全的风险评估和监管制度，加强对市场参与者的行为监督和评估，及时发现并处理违规行为，保护投资者的合法权益，维护市场的公平、公正和透明。

第四，监管机构应建立有效的违规行为处理机制，确保处罚程序的公开透明和公正执行。这包括公布违规行为处理结果、接受市场参与者的申诉和诉讼等方式，保障市场参与者的合法权益，维护市场的稳定和发展。

（二）碳配额分配

1. 确定配额分配原则

在制定碳配额分配方案之前，需要明确定义配额分配的原则，以确保公平、公正和透明。以下是几个重要的配额分配原则：

（1）公平性

在碳交易市场中，确保公平性是至关重要的。公平性涉及碳配额分配的公正性和平等性，以及各行业和企业在减排责任上的相对公平性。为实现公平性，碳配额的分配应遵循一系列公平原则，以确保不同行业、地区和规模的企业能够承担相对公平的减排负担。

第一，公平性要求碳配额分配应基于科学评估和公正原则。分配配额时，应考虑到各行业的排放水平、产业特点、经济发展水平以及减排潜力等因素，以确保分配的公正性和合理性。例如，高排放行业可能面临更严格的减排要求，而低排放行业则可能获得更多的减排配额。

第二，公平性要求碳配额分配应考虑到各地区的差异性。不同地区的经济发展水平、产业结构和资源禀赋存在差异，因此，在配额分配时应考虑到这些差异，确保各地区都能够在减排方面承担相对公平的责任。

第三，公平性还要求在配额分配过程中考虑到企业的规模和能力。大型企业可能拥有更多的资源和技术能力来实施减排措施，因此，它们可能需要承担更多的减排责任。而小型企业可能面临着更大的减排压力，因此，在配额分配时应考虑到这些差异，以确保每个企业都能够在减排方面公平地参与。

（2）公正性

在碳交易市场中，公正性是确保配额分配过程公平合理的关键原则之一。公正性要求碳配额的分配方案应该具有透明、公开、平等的特点，以确保各方在配额分配中享有平等的权利和机会。下面是关于碳配额分配公正性的一些重要方面：

第一，配额分配方案应该具有透明性和公开性。这意味着配额分配的决策过程应该对所有利益相关者公开透明，确保每个参与者都了解分配配额的原则、标准和过程。透明公开的分配机制有助于防止信息不对称和不公平的现象，增强市场的信任度和稳定性。

第二，配额分配方案应该避免偏袒任何一方，确保各方在分配过程中享有平等的权利和机会。这意味着在确定配额分配的标准和指标时，应该考虑到各方的利益和需求，避免对任何一方进行偏向性的偏待。公正的配额分配机制应该基于客观的、科学的评估标准，而不是主观的、武断的决策。

第三，公正性还要求配额分配方案应该避免利益相关者之间的不公平竞争。这意味着在配额分配过程中应该避免出现利益相关者之间的不正当竞争和优惠待遇，确保每个参与者在竞争中享有平等的机会和条件。

（3）透明度

透明度在碳配额分配过程中是至关重要的，它确保了分配过程的公正、合理和可信度。透明度原则要求配额分配过程中的所有相关信息和决策都应对公众开放和可查，从而确保参与者对分配过程的信任和认同，并减少潜在的争议和纠纷。

第一，透明度确保了配额分配过程的公开和公正。公开透明的分配过程意味着所有相关信息和决策都应该对公众开放，参与者可以清楚地了解到配额分配的标准、指标和程序。这种公开透明有助于防止信息不对称和不公正行为的发生，保障了分配过程的公平性和合理性。

第二，透明度促进了参与者对配额分配过程的信任和认同。透明的分配过程使参与者能够清晰地了解到每个环节的决策依据和原因，从而增强了他们对分配过程的信心和认同感。这种信任和认同有助于减少参与者之间的不满和争议，维护了市场的稳定和秩序。

第三，透明度还有助于减少潜在的争议和纠纷。公开透明的分配过程使所有参与者都能够清晰地了解到配额分配的原则和程序，减少了信息不对称和误解的可能性，降低了分配过程中发生争议和纠纷的风险。这有助于保障碳交易市场的稳定和健康发展。

（4）科学性

科学性在碳配额分配过程中具有重要意义，它确保了配额分配方案的合理性、可持续性和有效性。科学性原则要求配额分配应基于科学评估和可靠数据支持，以确保配额分配方案与国家的减排目标和气候政策保持一致，避免主观和随意性的影响。

第一，科学性保证了配额分配方案与国家减排目标的一致性。科学评估和数据支持为政府和监管机构提供了准确的信息基础，使其能够制定与国家减排目标相适应的配额分配方案。基于科学评估的配额分配方案能够更好地反映不同行业和企业的减排潜力，从而实现减排目标的有效落实。

第二，科学性有助于配额分配方案的合理性和可持续性。科学评估和数据支持可以提供对各个行业和企业的排放情况、产业结构和技术水平的客观分析，为配额分配提供科学依据。合理的配额分配方案能够激励企业采取更多的减排措施，推动产业结构调整和技术创新，实现碳减排的长期可持续发展。

第三，科学性还有助于避免主观和随意性对配额分配的影响。基于科学评估和数据支持的配额分配方案具有客观性和公正性，能够减少政策制定过程中的主观判断和人为干预，降低配额分配的不确定性和不公平性，维护市场的稳定和公平竞争环境。

2. 制定配额分配方案

制定碳配额分配方案是一个复杂而关键的过程，需要综合考虑多种因素，并确保方案的合理性和可行性。以下是制定配额分配方案时需要考虑的几个关键方面：

（1）减排目标

配额分配方案应与国家的减排目标相一致，并能够为实现这些目标提供有效的支持。因此，在制定配额分配方案时，需要考虑国家的减排目标和时间表，确保配额分配能够为实现这些目标提供充足的动力。

（2）产业结构调整

配额分配方案应该考虑到各个行业的特点和发展需求，促进产业结构调整和转型升级。这意味着在分配配额时，应该重点考虑高排放行业和高碳能源行业，并鼓励其采取更多的减排措施。

（3）技术水平

配额分配方案应该考虑到企业的技术水平和创新能力，鼓励采用更清洁、更高效的生产技术和设备。这意味着在分配配额时，应该给予技术领先企业或采用清洁技术的企业更多的配额奖励。

（4）激励措施

配额分配方案应该采取适当的激励措施，鼓励企业采取更多的减排措施。这可能包括奖励节能减排、推广清洁生产等，以促进企业的积极性和创造性。

3. 建立配额调整机制

为了应对碳市场的不确定性和变化，需要建立灵活的配额调整机制，以及时调整配额并保持市场的稳定和发展。以下是建立配额调整机制时需要考虑的几个关键方面：

（1）市场监测

市场监测是碳市场运行中至关重要的环节，通过建立健全的监测机制，能够及时发现市场问题并提出解决方案，从而保障市场的稳定和健康发展。

第一，市场监测机制应涵盖多个方面的监测内容。其中包括对碳市场的供需情况进行监测，包括监测碳排放量、碳配额供给情况、碳交易量等，以及监测市场的价格走势，即碳价格的波动情况，以及市场的减排效果，即实际减排量与减排目标的差距等。这些监测内容可以通过定期发布的碳市场报告、监测数据和统计指标来进行展示和分析。

第二，市场监测机制应该具备灵活性和时效性。灵活性意味着监测机制能够根据市场情况和政策需求进行调整和优化，确保监测内容的及时性和准确性。时效性则是指监测结果能够及时反映市场变化和问题，为决策者提供有效的决策支持和政策建议。

第三，市场监测应该是一个全方位、多层次的过程，涉及政府监管部门、行业协会、市场参与者和第三方机构等多方面的合作。政府监管部门应该负责制定监测计划和指标体系，行业协会和市场参与者应积极配合提供数据和信息，第三方机构则可以提供专业的监测技术和数据分析支持。

第四，市场监测机制应该具有开放透明的特点，将监测结果和数据公开发布，接受社会各界的监督和评价。透明的监测机制能够增强市场的透明度和公信力，促进市场参与者的信心和合作，从而促进市场的稳定和健康发展。

（2）配额调整

配额调整是碳市场管理中至关重要的一环。根据市场监测结果和政策需要，对碳配额进行灵活的调整，旨在维护市场的供需平衡和价格稳定，进而促进碳市场的健康发展和减排目标的实现。

第一，配额调整需要基于科学的市场监测结果。市场监测是对碳市场供需情况、价格走势以及减排效果等方面进行定期监测和分析的过程。这些监测数据是制定配额调整策略的基础，能够帮助决策者全面了解市场状况，及时发现市场问题，为配额调整提供准确的依据。

第二，配额调整应具有灵活性和及时性。灵活性意味着配额调整应根据市场情况和政策需要进行调整，以应对不同时期的减排需求和市场变化。及时性则是指配额调整应能够在市场出现问题或变化时及时采取行动，防止问题扩大化和市场失衡。

在进行配额调整时，需要考虑到不同行业、不同地区和不同规模企业的情况。可以根据行业的排放量、产业特点、减排潜力以及国家的减排目标等因素进行配额的增加、减少或重新分配，以实现公平合理的配额分配，并激励企业采取更多的减排措施。

第三，配额调整需要透明公开，确保决策过程的公正和公开。应及时向市场参与者和公众公布配额调整的原因、依据和具体措施，增强市场的透明度和参与者的信心，减少不确定性和风险，提升市场的稳定性和可预测性。

第四，配额调整需要与其他碳市场管理措施相互配合。例如，与碳定价机制、排放许可制度等相结合，形成完整的碳市场管理体系，共同推动碳市场的健康发展和减排目标的实现。

（3）信息披露

信息披露在碳市场管理中具有重要作用，其主要目的是通过及时公开碳市场的相关信息和调整结果，提高市场的透明度和可预测性，增强市场参与者的信心和合作意愿。

第一，信息披露有助于提高市场的透明度。透明度是市场运作的基础，能够确保市场信息的公开和公正，防止信息不对称和市场操纵行为。通过及时披露碳市场的交易数据、价格走势、减排效果等信息，可以让市场参与者了解市场状况，更好地制定交易策略和决策，提高市场的效率和公平性。

第二，信息披露有助于提高市场的可预测性。市场参与者需要根据市场情况和政策调整作出相应的应对措施，而及时公开的信息可以帮助他们更准确地预判市场走势和政策变化，降低交易风险和不确定性，提高决策的准确性和效果。

第三，信息披露还能够增强市场参与者的信心和合作意愿。公开透明的市场信息可以建立起市场参与者之间的信任和合作关系，促进信息共享和资源整合，增强市场的稳定性和可持续性。同时，信息披露也可以降低市场参与者的猜测和猜忌，减少市场的恐慌和波动，有利于市场的健康发展和减排目标的实现。

第三节　气候变化国际合作与法律规范

一、国际合作机制的演变与影响

（一）背景与目的

气候变化框架公约的制定标志着国际社会首次对气候变化问题达成了共识，也是应对气候变化挑战的第一步。1992 年，《联合国气候变化框架公约》（简称"气候变化框架公约"）在联合国环境与发展大会上通过，旨在协调全球行动以减缓气候变化和适应其影响。该公约奠定了国际合作机制的基础，为后续协议的制定和执行铺平了道路。

（二）合作机制的演变

随着对气候变化问题认识的加深，1997 年《联合国气候变化框架公约的京都议定书》（简称"京都议定书"）作为《联合国气候变化框架公约》的一个重要补充而出台。该议定书强调了发达国家应对气候变化问题的历史责任，首次对碳排放进行了具体限制。通过设定国家排放目标和引入灵活机制如排放交易和清洁发展机制，京都议定书为发达国家与发展中国家之间的减排合作提供了具体框架。

2015 年，《联合国气候变化框架公约的巴黎协定》作为对京都议定书的更新版本通过，标志着全球气候治理进入了新阶段。巴黎协定要求各国根据自身情况制定具有法律约束力的国家贡献，并力图将全球平均气温升高控制在 1.5 摄氏度以内。该协定的重要性在于其具有普遍性和全球性，要求所有国家都参与其中，并通过透明度和审核机制确保各国履行自己的承诺。

（三）合作机制的影响

1. 促进国际协调与一致性

国际合作机制的确立在应对全球气候变化挑战方面扮演着至关重要的角色。通过旨在协调各国行动的框架和协议，国际社会得以共同努力应对气候变化所带来的挑战。其中，最为显著的成就之一就是促进了国际协调与一致性。随着《联合国气候变化框架公约》和后续协议的制定，国际社会逐渐形成了共同的目标和原则，为各国在减排、适应、资金支持等方面展开合作提供了更加坚实的基础。

在这一过程中，国际合作机制强调了各国之间的合作与协调，通过多边谈判和协商，在全球范围内形成了一致的立场。设定共同的减排目标、明确的适应原则以及公平和公正的资金支持机制等，使得各国能够在行动中相互配合，共同应对气候变化带来的挑战。这种国际协调与一致性不仅加强了各国之间的联系和互信，也为全球气候治理提供了更加坚实的基础。

通过国际合作机制的建立，各国能够分享经验、共同努力解决气候变化问题。在减排方面，各国可以相互借鉴最佳实践和技术成果，共同推动清洁能源和低碳技术的发展和应用。在适应方面，国际社会可以共同开展科研合作，推动气候变化适应技术和方法的创新和应用。在资金支持方面，各国可以共同筹措资金，支持发展中国家应对气候变化的努力，促进全球气候行动的公平和包容。

2. 增强国际社会对气候变化问题的关注和认识

国际合作机制的确立在推动国际社会加强对气候变化问题的关注和认识方面发挥着重要作用。通过各种国际会议、谈判和协商，各国之间逐渐达成了共识，意识到气候变化对全球发展和人类生存的严重威胁。这种共识的形成促使国际社会更加关注气候变化问题，并认识到必须采取行动来应对这一挑战。

第一，国际合作机制的建立使得气候变化问题成为全球议程上的重要议题。通过在联合国环境与发展大会等国际会议上的讨论和协商，各国领导人、专家学者和公众逐渐意识到气候变化对人类社会、经济和生态系统的影响。这种全球性的讨论和协商使得气候变化问题逐渐成为国际社会关注的焦点，引起了各国政府和社会各界的重视。

第二，国际合作机制的建立加强了各国之间的信息共享和经验交流。在应对气候变化的过程中，各国可以借鉴彼此的成功经验和教训，加深对气候变化问题的认识。通过分享最新的科学研究成果、政策措施和技术进展，各国能够更好地了解气候变化的影响和应对方法，从而加强对这一问题的关注和认识。

第三，国际合作机制的建立还促进了公众对气候变化问题的认知和参与。通过举办各种宣传活动、教育培训和公众参与项目，国际社会能够提高公众对气候变化问题的认识水平，并激发更多人参与到应对气候变化的行动中来。公众的参与不仅能够增强对气候变化问题的关注，还能够推动政府和企业采取更加积极的行动来减缓气候变化和适应其影响。

3. 提供政策指导和技术支持

国际合作机制的实施为各国提供了重要的政策指导和技术支持，这对于应对气候变化问题具有重大意义。第一，国际合作机制为各国提供了一个交流和学习的平台，使各国能够共享彼此的成功经验和最佳实践。通过参与国际会议、研讨会和合作项目，各国政府、专家学者和行业代表可以了解到全球范围内已经实施的各种减排和适应措施，从而获得重要的政策指导。

第二，国际合作机制还为各国提供了技术支持，帮助它们更好地实施减排和适应行动。随着科学技术的不断进步，许多国家已经研发出了各种应对气候变化的先进技术和解决方案。通过国际合作机制，这些技术可以被传授和分享给其他国家，帮助它们提升应对气候变化的能力。例如，发达国家可以通过技术转移和合作项目向发展中国家提供清洁能源技术、节能技术和碳捕获与封存技术，帮助它们降低碳排放并提高能源效率。

第三，国际合作机制也为发展中国家提供了必要的资金支持，帮助它们更好地应对气候变化带来的挑战。在《联合国气候变化框架公约的巴黎协定》中，发达国家承诺向发展中国家提供每年1000亿美元的资金支持，用于应对气候变化和适应其影响。这些资金可以用于开展清洁能源项目、生态系统保护、气候适应措施等，帮助发展中国家减轻气候变化的负面影响，实现可持续发展目标。

二、国际法律规范对气候变化的约束与引导

（一）国际法律规范的建立与发展

《联合国气候变化框架公约》作为全球应对气候变化的基础性法律文书，

为后续的国际气候协定奠定了坚实的基础。其后续议定书，如《联合国气候变化框架公约的京都议定书》和《联合国气候变化框架公约的巴黎协定》，进一步细化了全球减排目标、实施机制和国家行动计划等内容，成为全球气候治理的重要法律依据。随着气候变化问题日益加剧，一些国际法院和仲裁机构逐渐介入该领域。例如，国际法院对涉及气候变化、海洋资源管理和边界争端的裁决，成为国际法律体系中应对气候变化问题的重要补充。

（二）国际法律规范的约束与引导作用

1. 约束作用

国际法律规范在应对气候变化方面发挥着重要的约束作用，对各国的行为产生了明确的目标和标准。这种约束性规范通过法律文本的规定和国际协议的约定，对各国的政府和社会行为施加了一定的压力和限制，推动各国采取切实行动减少温室气体排放，应对气候变化挑战。

第一，国际法律规范通过明确的目标和标准，规定了各国在应对气候变化方面应承担的责任和义务。例如，根据《联合国气候变化框架公约的巴黎协定》，各国应根据自身情况设定国家贡献，努力实现全球平均气温上升控制在1.5摄氏度以内，并为追求更低的温控目标共同努力。这些规定要求各国根据自身能力和责任程度制定具体的减排目标和措施，从而促使各国采取实际行动减少温室气体排放。

第二，国际法律规范要求各国按照规定的程序和时间表制定国家贡献，并定期报告排放情况。根据《联合国气候变化框架公约》的规定，各方应按照协定规定的程序编制、更新和公布国家贡献，并定期向秘书处报告国家温室气体排放情况。这种约束性规定迫使各国加强监测、报告和验证制度，增强了各国对气候变化问题的责任感和行动力度。

第三，国际法律规范还规定了各种弹性机制和合作机制，为各国提供了灵活的减排途径和合作框架。例如，根据《联合国气候变化框架公约的巴黎协定》，各国可以采取市场机制、技术转让和资金支持等方式，共同应对气候变化挑战。这些弹性机制和合作机制为各国提供了更多的减排选择和合作机会，促进了国际社会在气候变化领域的合作与共赢。

2. 引导作用

国际法律规范在应对气候变化方面不仅具有约束作用，还扮演着引导各国行为的重要角色。这种引导作用体现在多个方面，包括设定减排目标、建立碳市场、促进技术创新和推动清洁能源发展等方面。

第一，国际法律规范通过设定减排目标，引导各国朝着低碳经济和可持续发展的方向发展。例如，《联合国气候变化框架公约的巴黎协定》规定了各国应采取行动限制全球平均气温上升在 2 摄氏度以内，并为追求更低温控目标共同努力。这种设定明确的减排目标为各国提供了行动的方向，引导各国加大减排力度，转型向低碳发展模式。

第二，国际法律规范通过建立碳市场等机制，促进了全球碳市场的形成，推动了碳定价和碳交易机制的建立。通过碳市场，各国可以通过交易碳排放配额来实现减排目标，从而引导企业和机构采取更加环保的生产和经营方式，推动全球经济向低碳发展转型。

第三，国际法律规范也激励各国加强技术创新，推动清洁能源发展。例如，《联合国气候变化框架公约的巴黎协定》鼓励各国加大对清洁技术的投资和支持，促进清洁能源技术的研发和应用。这种引导作用促使各国在能源转型和技术创新方面加大投入，推动了清洁能源技术的快速发展和应用。

第八章　环境治理与社会参与法律机制

第一节　环境治理与社会参与的法律制度

一、公众参与环境决策的法律框架

（一）法律基础

公众参与环境决策的法律框架建立在民主原则和环境民主权利的基础上。其中，《中华人民共和国环境保护法》等环境法律法规为此奠定了法律基础。这些法律规定了公众参与环境决策的基本程序和原则，明确了公众在环境事务中的权利和义务。

《中华人民共和国环境保护法》是中国环境法律体系的基本法律，包含了公众参与环境决策的基本原则和程序规定。例如，根据该法规定，环境影响评价过程中必须进行公众参与，公众有权了解和参与环境影响评价的相关程序和内容。

除了《中华人民共和国环境保护法》外，还有一系列法律法规为公众参与环境决策提供了支持。例如，《中华人民共和国环境影响评价法》和《中华人民共和国水污染防治法》等法律都规定了公众在环境决策中的权利和参与方式。

（二）公众权利保障

公众参与环境决策的法律框架保障了公众在环境事务中的权利，主要体现在知情权、参与权和申诉权三个方面。

1. 知情权

公众有权获知相关环境信息，包括环境决策的程序、内容、影响等。相关法律法规规定了环境信息公开的程序和范围，保障了公众的知情权。

2. 参与权

公众有权参与环境决策的过程，包括环境影响评价、环境规划、环境监测等环节。法律规定了公众参与的程序和方式，确保公众能够有效参与环境决策。

3. 申诉权

公众有权对环境决策的结果提出申诉，如果对环境决策不满意，可以通过法律途径提出申诉，要求重新审议或修改决策结果。

二、社会组织参与环境治理的法律机制

（一）法律注册管理

社会组织参与环境治理的法律机制要求社会组织依法注册登记，取得合法地位。这一法律机制旨在确保社会组织具备合法性和稳定性，从而更好地参与环境治理活动。

1. 社会组织类型的明确

法律对不同类型的社会组织进行了明确定义，包括非营利组织、公益组织、环保组织等。每种类型的社会组织在环境治理中都有其特定的参与角色和职责，根据其性质和目的不同，其参与方式和责任也会有所区别。

（1）非营利组织

以非营利为目的，主要从事公益性活动，如基金会、社会团体等。其参与环境治理主要体现在舆论引导、公共参与等方面。

（2）公益组织

专门从事公益事业的组织，包括慈善组织、志愿者服务组织等。在环境治理中，公益组织可以通过宣传教育、环境监测等方式参与。

（3）环保组织

专门致力于环境保护和生态保育的组织，如绿色 NGO（非政府组织）、环保协会等。其在环境治理中扮演着重要的角色，通过提案建议、法律诉讼、环境监测等方式参与环境保护工作。

2. 注册条件和程序

相关法律法规明确了社会组织注册的条件和程序，保障了注册过程的合法性和透明性。社会组织需要符合一定的资格条件，如具备一定的组织形式、人员规模和资金实力等。

（1）资格条件

社会组织通常需要具备一定的法人资格条件，如具有独立法人地位、有明确的宗旨和章程、有一定的注册资金等。这些条件有助于确保社会组织具备法律地位和运作基础。

（2）注册程序

注册程序包括了申请、审批和登记等环节。社会组织需要向相关政府部门提交注册申请，经过审批合格后方可完成登记注册。注册程序的透明和规范性有助于确保社会组织的合法性和稳定性。

在法律注册管理方面，确保了社会组织在环境治理中的合法地位和稳定性，为其参与环境保护和治理提供了法律基础和保障。

（二）参与程序规范

法律机制规范了社会组织在环境治理中的参与程序，明确了其参与的方式、渠道和程序要求。这有助于确保社会组织的参与合法、有序、有效。

1. 参与方式和渠道

法律规定了社会组织可以通过哪些方式和渠道参与环境治理活动。具体包括：

（1）公开听证

社会组织有权参加环境决策的公开听证会，就环境问题提出意见和建议，以便更广泛地了解公众的意见和诉求。

（2）提案建议

社会组织可以向政府或环保部门提出环境保护方面的提案建议，表达对环境问题的看法和建议，为环境决策提供参考。

（3）政府参事会

一些国家或地区设立了政府参事会或类似机构，邀请社会组织代表参与环境政策制定和监督，以确保各方利益得到平衡和协调。

这些参与方式和渠道为社会组织提供了参与环境治理的途径，使其能够在环境决策过程中发挥积极作用，促进环境保护工作的开展。

2. 程序要求

社会组织参与环境治理需要遵循一定的程序要求，以确保参与过程的公开、公正和透明。具体包括：

（1）信息公开

政府部门应当及时公开与环境治理相关的信息，包括环境数据、环评报告、环境监测结果等，为社会组织和公众提供参与的基础和依据。

（2）公众参与

社会组织有权参与环境决策过程中的公众参与环节，包括公开听证、座谈会、调查研究等，以表达自己的意见和诉求。

（3）意见征询

政府部门在制定环境政策或规划时，应当向社会组织和公众征求意见，并对收集到的意见进行认真考虑和回应，确保环境决策的民主性和科学性。

这些程序要求保障了社会组织参与环境治理的合法性和效果性，为环境决策提供了更多元化、更民主化的参与途径。

（三）权益保护机制

法律机制为社会组织提供了权益保护，保障了其在环境治理中的合法权益。这一机制包括了对社会组织权利和义务的规定，同时为其提供了维权途径，保障了其在环境治理中的地位和权益。

1. 权利和义务规定

法律明确了社会组织在环境治理中的权利和义务：

参与权利指社会组织有权参与环境决策的过程，包括环境规划、环境评价、环境管理等各个环节。这确保了社会组织能够就环境问题提出建议和意见，并参与决策过程，发挥其专业性和社会影响力。

（1）申诉权利

如果社会组织对环境决策结果不满意，可以通过申诉程序进行申诉，要求相关部门重新考虑或调整决策。这一权利保障了社会组织在环境治理中的参与合法性和决策的公正性。

（2）信息获取权利

法律规定了社会组织有权获取与环境治理相关的信息，包括环境数据、监测报告、决策文件等。这有助于社会组织深入了解环境问题的实际情况，为其提供参与决策的依据。

同时，法律也规定了社会组织应当遵守的法律法规和行为规范，以确保其在环境治理中的合法性和责任性。

2. 维权途径

社会组织可以通过多种途径维护自身权益：

（1）提起诉讼

如果社会组织认为自身权益受到侵害，可以依法向法院提起诉讼，要求法院进行裁决并给予合法保护。

（2）申诉和上访

社会组织可以向相关政府部门提出申诉或通过上访等方式表达诉求，要求相关部门对环境问题进行调查处理，维护社会组织的合法权益。

这些维权途径保障了社会组织在环境治理中的合法地位和权益，为其积极参与环境保护事业提供了保障和支持。

第二节　公众环境信息公开与参与机制

一、环境信息公开的法律要求与实践

（一）公众对环境信息的知情权

公众对环境信息的知情权是环境信息公开的核心要求之一，具有深远的法律意义和社会价值。在法律法规的规定和实践中，公众对环境信息的知情权体现了以下三个方面的特点和意义：

1. 法律框架的确立

（1）法律依据明确

公众对环境信息的知情权得到了法律框架的明确和强化。《中华人民共和国环境保护法》等相关法律法规明确规定了政府部门及相关单位应当主动公开环境信息的义务，包括环境质量、污染排放、环境影响评价等内容。

（2）保障公众知情权

这一法律框架为公众行使知情权提供了明确的法律依据和保障。公众可以依据相关法律规定，向政府部门和相关单位索取环境信息，确保其对环境状况和环境问题的了解权利得到保障。

2. 公众参与和监督的重要途径

（1）参与环境决策

公众对环境信息的知情权不仅是一种权利，更是公众参与环境治理和监督的重要途径。公众了解环境信息后，可以有效参与环境决策的制定和实施，提出合理建议和意见，推动环境保护工作的开展。

（2）监督环境管理

公众知情权的行使直接关系到公众参与和监督的深度和广度。公众可以通过监督环境信息公开的实践，对政府部门和相关单位的环境管理行为进行监督，确保其环境保护工作符合法律法规和社会期待。

3. 环境保护和社会稳定的基础

（1）环境保护意识的形成

公众对环境信息的知情权是环境保护和社会稳定的基础之一。只有在充分了解环境状况、环境问题和环境风险的情况下，公众才能形成广泛的环保意识，主动参与环境保护工作，推动社会各界共同关注和支持环境保护事业的开展。

（2）减少社会矛盾和纠纷

公众知情权的行使有助于减少因信息不对称而导致的社会矛盾和纠纷。公众了解环境信息后，可以形成更加理性和客观的判断，减少对环境问题的误解和偏见，为社会和谐稳定作出积极贡献。

（二）政府部门环境信息公开的法律义务

政府部门在环境信息公开方面承担着重要的法律义务，这一义务不仅是对公众知情权的保障，也是推动环境保护和促进社会和谐发展的重要举措。以下将从法律规定、信息真实性和公众参与角度展开，阐述政府部门环境信息公开的法律义务。

1. 法律法规的规定

政府部门在环境信息公开方面的法律义务主要体现在相关法律法规中，其中《中华人民共和国环境保护法》作为环境保护领域的基本法律，具有重要意义。根据该法律的规定，政府部门被明确要求主动公开环境信息，并规定了公开的内容、方式和途径。这一法律依据为政府部门提供了明确的指导，要求其在环境信息公开方面开展相应的工作。

《中华人民共和国环境保护法》中关于环境信息公开的规定主要包括以下几个方面：首先，该法规定了政府部门应当主动公开环境信息的义务，这意味着政府部门需要在一定范围内主动向社会公众公开相关的环境信息，以满足公众对环境问题的知情权。其次，该法规定了公开的内容，包括环境状况、环境保护措施、环境监测数据等方面的信息应当纳入公开范围。最后，该法规定了公开的方式和途径，即政府部门可以通过官方网站、公告栏、媒体发布等途径向社会公众公开环境信息，确保信息的及时性和广泛性。

这些法律规定为政府部门提供了明确的法律依据和操作指南，要求其在环境信息公开方面积极履行职责，提高信息的透明度和公开性。政府部门应当建立健全的信息公开制度，加强对环境信息的收集、整理和发布工作，确保公众能够及时了解到环境状况和环境保护工作的进展。这有助于增强公众对环境问题的认知和理解，促进公众参与环境保护工作，共同推动环境治理事业的发展。

2. 信息真实性和准确性保障

政府部门在环境信息公开中的义务之一是确保信息的真实性和准确性。这意味着政府部门在公开环境信息时，必须对信息的来源、采集、整理和发布进行严格审核和把关，以确保所公布的信息真实可靠、准确无误、全面完整。这一措施的目的在于提高公众对信息的信任度，从而促进公众对环境问题的认识和理解，进而推动环境治理工作的开展。

确保信息的真实性和准确性对于环境信息公开具有重要的意义。首先，准确的环境信息可以为公众提供清晰、客观的环境状况，帮助公众了解当地环境的质量和健康状况，从而增强对环境问题的认知。其次，真实可靠的环境信息有助于公众形成正确的环境保护意识和行为习惯，鼓励他们积极参与环境保护活动，共同推动环境治理工作的开展。最后，准确的环境信息也为政府决策提供了重要的依据，帮助政府制定科学合理的环境保护政策和措施，更好地保护生态环境和公众健康。

为确保信息的真实性和准确性，政府部门需要建立健全的信息审核和发布机制。这包括严格审核信息的来源和采集方式，确保信息的来源可靠和数据的准确性；加强信息的整理和加工，确保信息的完整性和客观性；并通过多种渠道和途径向公众发布环境信息，确保信息的广泛传播和公开透明。此外，政府部门还应建立监督机制，定期对信息公开工作进行评估和检查，及时发现和纠正存在的问题，保障环境信息公开工作的质量和效果。通过这些措施，政府部门能够更好地履行环境信息公开的法定义务，提高公众对环境信息的信任度，推动环境治理工作向着更加科学、透明、有效的方向发展。

3. 公众参与的促进与保障

政府部门环境信息公开的法律义务也包括促进和保障公众参与的权利：

（1）信息公开制度

政府部门应建立健全的信息公开制度和平台，提供便捷的信息获取途径，以促进公众对环境信息的获取和利用。这有助于增强公众对环境问题的了解和参与意愿。

（2）公众参与权利

政府部门应当充分尊重和保障公众对环境信息的利用权力，鼓励公众参与环境决策、监督环境管理，共同推动环境保护工作的开展。公众的参与能够促进环境治理的民主化和透明化，增强环境保护工作的合法性和公信力。

（三）公众环境信息获取的途径与方式

公众获取环境信息的途径和方式多样化，包括但不限于以下几种：

1. 政府部门和相关单位主动公开

（1）政府部门主动公开环境信息

政府部门是环境信息的主要提供者之一。其主动公开环境信息的行为，是建立在信息透明、公众参与的基础上，以确保公众对环境状况的了解和监督。政府部门通过多种渠道向公众提供环境信息，包括但不限于官方网站、公告栏、报纸等。这些渠道通常发布环境质量报告、监测数据、治理计划等，为公众提供及时、准确的环境信息，有助于增强公众对环境问题的认知和理解。

（2）相关单位主动公开环境信息

除政府部门外，一些与环境相关的单位也会主动公开环境信息。这些单位可能包括环保组织、研究机构、非政府组织等。它们通过自身的平台或合作渠道向公众提供环境信息，例如发布研究报告、举办公众活动、提供咨询服务等。这种方式扩大了环境信息的来源渠道，丰富了公众获取信息的途径，有利于促进公众对环境问题的关注和参与。

2. 公众信息公开申请

（1）信息公开申请程序

公众可以通过信息公开申请程序向政府部门请求特定的环境信息。信息公开是一种行政机关依法向社会公开行政信息的制度安排，公众可以根据《中华人民共和国政府信息公开条例》（简称"信息公开条例"）等相关法律法规，向政府部门提交信息公开申请。相关部门应积极回应并提供所需信息，确保公众的知情权得到保障。

（2）适用范围与限制

信息公开申请程序的适用范围包括环境监测数据、环境保护项目实施情况、环境治理方案等与环境相关的信息。但需要注意的是，一些涉及国家安全、商业机密等特殊情况下的信息可能会受到限制，不在信息公开的范围之内。

3. 网络平台查询

（1）政府部门官方网站

政府部门的官方网站是公众获取环境信息的重要渠道之一。这些官方网站通常设置了专门的环境信息栏目，提供环境质量报告、监测数据、法律法规等相关信息，方便公众浏览和查询。

（2）环保组织的网站

除政府部门外，一些环保组织也会在其官方网站上发布环境信息。这些组织可能提供更加专业和深入的环境数据分析、政策评估等内容，为公众提供更全面的环境信息服务。

（3）便捷性与效率

通过网络平台查询环境信息具有便捷性和高效性的特点。公众无须前往实体机构，只需通过网络即可获取所需信息，节省了时间和成本，提高了信息获取的效率和便捷性。

4. 环境信息公开公告

（1）定期发布环境信息公告

政府部门应当通过定期发布环境信息公告等形式，向公众公开重要的环境信息。这些公告包括环境质量报告、治理计划公告、环境监测数据公告等，涵盖了环境状况和治理进展等方面的内容。通过公告形式公开环境信息，增强了信息的透明度和可获取性，为公众提供了及时、准确的环境信息参考。

（2）增强公众知情权和监督权

环境信息公开公告的发布不仅有利于公众了解环境状况和政府治理进展，还增强了公众的知情权和监督权。公众可以通过定期关注环境信息公告，及时了解环境问题的最新进展，提出意见和建议，参与到环境保护事务中来，促进环境治理的透明化和民主化进程。

二、公众参与环境决策的法律框架

（一）公众参与环境决策的法律基础

《中华人民共和国环境保护法》是中国环境领域的基础性法律，其中明确规定了公众参与环境决策的原则和程序。根据该法，环境保护行政部门在制定环境保护政策、法规、规划及实施重大环境保护项目时，应当听取公众意见，并公开环境状况和重大环境保护项目的环境影响评价报告，接受社会公众的监督。这一规定为公众参与环境决策提供了明确的法律依据。

除《中华人民共和国环境保护法》外，还有一系列相关法律法规也对公众参与环境决策作出了规定。例如，《中华人民共和国环境影响评价法》《中华人民共和国水污染防治法》《中华人民共和国大气污染防治法》等法律都详细规定了公众参与环境决策的程序和要求，为公众的参与提供了法律保障。

（二）公众参与程序的规范与要求

1. 法定程序和程序公正原则

公众参与环境决策的程序应当符合法定程序和程序公正原则。具体而言，决策程序应当明确、透明，公众有权了解和参与整个决策过程，保障公众的知情权和参与权。同时，程序公正原则要求决策过程中的各项程序应当公平、公正，不偏袒任何一方利益。

2. 公众参与程序的具体环节

公众参与环境决策的程序通常包括以下环节：

（1）决策公告

政府部门在制定环境政策、规划或重大项目时，应当发布决策公告，告知公众相关信息，包括决策的目的、范围、影响等，为公众参与提供信息基础。

（2）听证会

在决策程序中，可以组织听证会，邀请公众、利益相关方等就相关事项提出意见和建议。听证会是公众表达意见的重要平台，有助于充分了解各方立场，促进多元化意见的收集和沟通。

（3）意见征询

政府部门可以通过多种方式征询公众意见，例如公开征集意见、举办座谈会、发放调查问卷等。征询公众意见是政府决策的重要环节，有助于获取广泛的社会反馈和建议，提高决策的科学性和民意性。

（4）参与评估

公众也可以参与环境影响评价等专业评估过程，就环境影响、风险管理等方面提出意见和建议。这有助于政府部门更全面地考虑公众的利益和需求，提高决策的质量和可行性。

（三）公众意见的收集、考虑与反馈机制

1. 意见收集机制

（1）设置意见收集渠道

政府部门应该建立多样化的意见收集渠道，以便公众能够方便地表达意见和建议。这些渠道可以包括以下几个方面。

① 官方网站：政府部门的官方网站应该设置专门的意见反馈栏目，让公

众可以在线提交意见和建议。

②公众邮箱：设立专门的公众意见邮箱，接收公众的书面意见和建议。

③电话咨询：提供电话咨询服务，让公众可以直接拨打电话向相关部门表达意见。

④公众论坛：举办公众论坛或座谈会，邀请公众代表、专家学者等参与，就特定问题展开讨论。

（2）建立意见反馈平台

政府部门应该建立健全的意见反馈平台，确保公众的意见能够得到及时处理和反馈。这个平台可以是一个专门的网站或者是一个线下的投诉与建议处理中心。在这个平台上，公众可以查询自己提出的意见和建议的处理进展，了解意见是否被采纳以及相关决策的结果。

2. 意见考虑机制

（1）充分考虑各方意见

政府部门在收集到公众意见后，应该进行全面、客观地分析和评估。特别是在涉及环境保护、生态安全等重大利益的问题上，政府部门需要充分考虑公众的意见和建议。这包括了解公众的关切和需求，评估各种方案的可行性和影响，以及权衡不同利益之间的关系。

（2）加强专业评估

除了考虑公众意见外，政府部门还应该加强专业评估，特别是针对涉及技术性、复杂性问题的决策。这可能涉及环境影响评价、风险评估、成本效益分析等专业领域的评估工作，以确保决策的科学性和合理性。

3. 意见反馈机制

（1）及时向公众反馈结果

政府部门在处理公众意见后，应该及时向公众反馈处理结果。这包括告知公众意见被采纳的情况，解释决策的理由和依据，以及公布相关决策的结果。这有助于增强公众的参与意识和满意度，建立政府与公众之间的信任和沟通渠道。

（2）透明公开决策过程

除了向公众反馈处理结果外，政府部门还应该透明公开决策过程。这包括公布决策的相关文件和资料，向公众说明决策的制定过程和依据，以及接受公众的监督和批评。这有助于确保决策的公正性和透明度，提高公众对决策的认可度和信任度。

第三节　环境保护 NGO 发展与法律支持

一、环境保护 NGO 的角色与作用

（一）NGO 在环境保护中的定位与功能

NGO 在现代社会中扮演着重要角色，其定位与功能主要体现在以下几个方面：

1. 意识唤醒与教育

（1）宣传活动

NGO 通过举办各种形式的宣传活动，如讲座、展览、座谈会等，积极地向公众传播环保知识，旨在唤起公众对环境问题的关注并增强环保意识。这些宣传活动不仅是 NGO 向社会传递环保理念和信息的重要途径，也是促进社会各界共同参与环保行动的有效手段。在讲座方面，环保 NGO 通常邀请环保专家、学者或相关领域的从业者来进行专题讲解，介绍环境污染、气候变化、生物多样性等重要环保议题，以及环保法律法规和政策措施。这样的讲座活动不仅可以提供专业知识，还可以解答公众关于环保问题的疑问，增进公众对环保知识的了解和认识。此外，展览活动也是环保 NGO 开展宣传的重要形式之一。通过举办环保主题的图片展、艺术展或科技展等，NGO 可以直观地展示环境问题的现状和严重性，引起公众的共鸣和关注。展览活动不仅可以通过视觉和听觉等方式传递信息，还可以提供互动式的展示形式，吸引更多人参与，并引发公众的思考和行动。此外，座谈会也是环保 NGO 开展宣传活动的重要形式之一。通过邀请环保领域的专家学者、NGO 成员以及公众代表参与，围绕特定的环保议题展开深入讨论和交流，促进各方面力量的汇聚和协作，共同探讨解决环境问题的方案和措施。座谈会不仅可以加强社会各界对环保问题的

认识和关注，还可以促进环保行动的协同推进，推动环保事业的持续发展。

（2）教育项目

NGO 开展环境教育项目是为了增强公众的环保意识和认知水平，促进社会的环保行动。其中，校园环保教育是 NGO 重点关注的领域之一。通过在学校开展环境教育课程、组织环保活动和建立环保俱乐部等方式，NGO 可以有效地向青少年群体传递环保知识和理念，培养他们的环保意识和责任感。这些活动不仅可以通过课堂教学和实践活动的结合形式，提升学生对环保问题的认知和理解，还可以激发他们参与环保行动的热情，培养他们的环保行为习惯和技能。此外，社区环境教育也是 NGO 开展环境教育项目的重要内容之一。通过在社区举办环保讲座、组织环保志愿活动、开展环保调查研究等方式，NGO 可以向社区居民传递环保知识，提高他们对环境问题的认识和关注度，激发他们积极参与环保行动的意愿和行动。这些活动不仅可以加强社区居民的环保意识和行为，还可以促进社区居民之间的互动和合作，推动整个社区的环保进程。总体而言，NGO 开展环境教育项目是为了在学校和社区等不同层面增强公众的环保意识和认知水平，促进社会的环保行动，推动环保事业的持续发展。通过这些项目，NGO 可以发挥自身的优势和作用，激发公众参与环保的积极性，推动社会各界共同努力，共同构建美丽的生态环境和可持续发展的未来。

2. 舆论引导与舆论监督

（1）舆论引导

NGO 通过舆论引导，积极利用媒体和社交平台等多种渠道，向公众传递环保理念，促进社会对环境问题的关注和反思。在当今信息社会，舆论引导已经成为 NGO 推动环保议题的重要手段之一。通过媒体的报道、社交平台的传播以及公共活动的组织，NGO 能够将环保问题置于公众视野的焦点位置，引发社会对环境问题的关注和讨论。

第一，NGO 通过与媒体合作，利用新闻报道、专题节目、纪录片等形式，将环保议题呈现给公众。这些报道和节目可以深入挖掘环境问题的背景、原因和影响，引起公众的共鸣和关注。同时，NGO 还可以通过媒体发布环保活动的信息，吸引更多人参与到环保行动中来，扩大环保的影响力。

第二，社交平台成为 NGO 进行舆论引导的重要平台之一。通过微博、微信、Facebook 脸书等社交媒体平台，NGO 可以直接与公众进行互动和交流，传播环保知识和信息。NGO 还可以借助社交平台发布环保宣传素材、组织网络活动、发起话题讨论等，引导公众参与环保话题的讨论和行动，形成良好的舆论氛围。

第三，NGO 还通过组织各种形式的公共活动，如环保讲座、研讨会、示威游行等，引发公众对环保问题的关注和反思。这些活动不仅可以传递环保理念和信息，还可以动员和凝聚更多的力量，推动环保事业的进步和发展。

（2）舆论监督

NGO 通过舆论监督的方式，对环保事件进行报道监督，揭露环保违法行为，以推动政府和企业加强环保措施，促使环保政策更加公正和有效地执行。舆论监督是 NGO 发挥作用的重要方式之一，通过媒体报道和社会舆论的引导，NGO 能够揭示环境问题的真实情况，促使相关利益主体采取积极的环保措施。

首先，NGO 通过媒体渠道对环保事件进行报道监督。他们会密切关注环境问题，并及时向公众通报有关情况，引起社会的广泛关注和讨论。通过媒体报道，NGO 能够将环境事件曝光于公众视野，引发公众对环保问题的关注，进而推动相关部门和企业采取有效的环保措施，避免环境问题的进一步恶化。

其次，NGO 通过揭露环保违法行为来加强舆论监督。他们会调查和公开曝光环保违法行为，如环境污染、非法采矿等，揭示其严重性和危害性，促使相关部门和企业加强监管和治理。通过揭露环保违法行为，NGO 能够唤起社会对环保问题的警觉，促使相关部门和企业加强自律和监管，推动环保政策的更加严格执行。

3. 政策倡导与参与决策

（1）提出建议和意见

NGO 参与环保政策的制定和决策过程，提出建议和意见，是推动政府制定更加科学、合理的环保政策的重要途径之一。NGO 作为环保领域的重要参与者，拥有丰富的环保经验和专业知识，能够为政府提供宝贵的意见和建议，推动环保政策的改进和完善。

第一，NGO可以通过开展调研和评估工作，收集环保问题的实际情况和相关数据，为政府制定环保政策提供科学依据。通过对环境污染情况、生态系统状况、资源利用情况等方面的调查研究，NGO能够客观地了解环境问题的现状和发展趋势，为政府制定环保政策提供科学依据和参考。

第二，NGO可以组织专家学者和相关专业人士，开展专题研讨和政策建议，提出针对性的政策建议。通过召开研讨会、座谈会、研讨会等形式，NGO可以邀请环保领域的专家学者和相关从业人员，共同探讨环保政策的重点和难点问题，提出具体的政策建议和改进措施。

第三，NGO还可以开展公众参与活动，听取公众意见和建议，反映社会各界的意愿和诉求，为政府制定环保政策提供民意基础。通过组织公众听证会、网络调查、社区座谈等形式，NGO能够了解公众对环保政策的态度和看法，为政府制定环保政策提供民意参考。

（2）参与决策

NGO的参与环保决策是推动环保政策民主化和透明化的关键举措之一。作为社会组织，NGO代表公众利益发声，通过参与环保决策的讨论和协商，为环保政策的制定和执行提供了重要的民意基础和专业建议。

第一，NGO通过参与环保决策的讨论和协商，能够代表公众利益发声，将公众的关切和诉求带入决策过程。环保问题事关公众的生活质量和未来发展，而NGO作为公民社会的重要组成部分，能够代表广大公众的利益，将公众的意见和建议传达给决策者，确保环保政策的制定更加贴近民意、符合公众期待。

第二，NGO参与环保决策的讨论和协商，能够为政府部门提供专业的环保建议和意见。NGO通常拥有丰富的环保经验和专业知识，能够就环境保护领域的技术、科学和政策问题提供专业的分析和建议。通过与政府部门展开合作和对话，NGO能够促进环保政策的科学性、合理性和可操作性，为政府的决策提供更加全面和专业的参考。

第三，NGO参与环保决策的讨论和协商，还能够促进环保政策的民主化和透明化。在决策过程中，NGO能够通过公开透明的方式参与讨论和协商，推动决策过程的公开化和透明化，确保决策的合法性和公正性。这有助于提高公众对环保政策的信任度和认可度，增强社会对环保事业的支持和参与度。

4. 法律援助与维权

（1）法律援助

法律援助是 NGO 为环保受害者提供的重要服务之一，旨在帮助他们维护合法权益，通过法律途径解决环境污染和损害问题。在环境保护领域，环境污染和损害往往会给公民、社区甚至整个生态系统带来严重的影响和损害。而对于那些受到环境污染和损害影响的个人或团体来说，往往缺乏足够的法律知识和资源来保护自己的权益。在这样的背景下，NGO 的法律援助就显得尤为重要和必要。

第一，NGO 通过法律援助为环保受害者提供法律咨询和指导服务。这包括向受害者解释他们的法律权利和责任，帮助他们了解如何通过法律途径来维护自己的权益。NGO 的法律专家和律师团队会与受害者进行沟通和协商，为他们提供法律意见和建议，帮助他们制定合适的法律策略和应对措施。

第二，NGO 会代表环保受害者进行法律诉讼，为他们争取正义和赔偿。在一些严重的环境污染和损害案件中，环保受害者可能需要通过法律途径来追究污染者或责任方的法律责任，并要求赔偿损失。NGO 的法律团队会代表受害者起诉污染者或责任方，通过法律诉讼来维护受害者的合法权益，追求环境正义。

第三，NGO 还会倡导改善环境保护的法律制度和政策环境，为环保受害者提供更加有利的法律保护。通过参与立法和政策制定过程，NGO 能够就环保立法和政策提出建议和意见，推动相关部门改进环保法律法规，加大环境执法力度，提高环保受害者的法律保障水平。

（2）维权行动

维权行动是 NGO 为维护公众环境权益所采取的重要举措之一，其主要通过诉讼等法律手段来促使环保执法的落实，确保环境法律法规的执行和公众的环境权益得到有效保护。在当今社会，环境问题日益突出，而政府和企业在环境执法和监管方面的不足导致了环境破坏和公众权益受损，因此 NGO 的维权行动显得尤为重要。

第一，NGO 通过诉讼等法律手段来推动环境执法的落实。在发现环境违法行为或者环境破坏事件时，NGO 可以代表受影响的公众或者环境保护利益，通过提起诉讼等法律程序来追究违法者的责任，要求相关部门对环境违法行为进行查处和处理。这种维权行动不仅可以有效地制止环境违法行为的继续发生，还能够推动环境执法的严格执行，提高环境违法成本，从而达到维护公众环境权益的目的。

第二，NGO 通过诉讼等法律手段来推动环境法律法规的完善和改进。在诉讼过程中，NGO 往往会提出相关的法律法规存在漏洞或者不完善的问题，针对这些问题提出修改建议，并积极参与到相关法律法规的修改和完善过程中。通过这种方式，NGO 能够促使环境法律法规更加科学、合理地回应环境问题，提高环境法律法规的适用性和有效性，从而更好地保障公众的环境权益。

第三，NGO 的维权行动还能够促使公众对环境问题的关注和参与。通过媒体宣传和舆论引导，NGO 将诉讼过程和诉讼结果向公众进行透明、及时地披露，引导公众关注环境问题，呼吁公众参与到环境维权行动中来，形成舆论压力，推动政府和企业更加重视环境保护，更加积极地采取环保行动，以维护公众的环境权益。

5. 科学研究与技术支持

（1）环境科学研究

NGO 在环境科学研究领域具有重要意义，其通过开展环境科学研究，不仅能够深入调查和评估环境问题，还能够为环保工作提供科学依据和技术支持，从而推动环境保护事业的进步和发展。

第一，NGO 开展环境科学研究有助于深入了解环境问题的成因和影响。通过对环境污染源、污染物排放、生态系统状况等方面的调查研究，NGO 能够全面掌握环境问题的现状和发展趋势，找出环境问题的根源和关键环节，为制定针对性的环保措施提供科学依据。

第二，NGO 开展环境科学研究有助于评估环境影响和风险。在一些重大项目或政策实施前，NGO 可以开展环境影响评价和风险评估，分析项目或政策可能对环境造成的影响和风险，预测可能出现的问题和后果，提出相应的风险管理和应对措施，为决策者提供科学的参考和建议。

第三，NGO 开展环境科学研究还能够为环保工作提供科学依据和技术支持。通过开展环境监测和数据分析，NGO 可以及时了解环境状况和变化趋势，为制定和调整环保政策提供科学数据支持；同时，NGO 还可以开展环境技术研究和应用，探索环境治理和修复的新方法和新技术，为环保工作提供创新性和可行性方案。

（2）环境技术支持

环境技术支持是 NGO 在环境保护实践中发挥的重要作用之一。NGO 提供环境技术支持的范围涵盖了广泛的领域，包括环境监测、污染治理技术等方面的咨询和服务，旨在为环保实践提供专业的技术支持和指导。

第一，NGO 在环境监测方面提供技术支持。环境监测是了解环境质量和变化趋势的重要手段，NGO 通过提供监测设备、技术培训和数据分析等服务，帮助政府、企业和社会组织进行环境监测工作。他们能够协助建立监测网络，开展环境参数的实时监测，提供准确的环境数据，为环保决策和政策制定提供科学依据。

第二，NGO 在污染治理技术方面提供技术支持。面对日益严峻的环境污染问题，NGO 通过研究和应用污染治理技术，为各类污染治理项目提供技术指导和解决方案。他们可以评估污染源、制定治理方案、监督治理过程，并评估治理效果，从而提高环境质量，保护生态环境。

第三，NGO 还在环境技术创新和推广方面发挥着重要作用。他们通过开展科学研究和技术开发，探索环保技术的创新和应用，推动环保技术的转化和推广，促进环保工作的技术更新和进步。例如，他们可以开发环保新材料、绿色能源技术、清洁生产工艺等，为环保实践提供更加先进、有效的解决方案。

二、法律对环境 NGO 的支持与保障

（一）法律规定对 NGO 的合法性认定与注册

环境保护 NGO 的合法性认定和注册是其得以正常开展活动的前提和基础。法律对环境 NGO 的支持主要体现在以下几个方面：

1. 合法性认定标准

（1）法律规定的标准

法律对环境 NGO 的合法性认定标准进行了明确规定，包括其组织形式、

组织程序、管理要求等方面。这些标准为环境 NGO 的合法注册提供了具体的法律依据，确保其在法律框架下正常开展活动。

（2）组织形式要求

法律规定了环境 NGO 可以采取的组织形式，包括非营利性组织、民间社团、志愿者组织等。这些组织形式的规定为不同类型的环境 NGO 提供了注册的选择，促进了 NGO 的多样化发展。

2. 注册程序简化

（1）流程简化

法律对环境 NGO 的注册程序进行了简化，减少了烦琐的注册流程和手续，提高了注册的效率。这为 NGO 的合法注册提供了便利条件，鼓励更多的 NGO 参与到环保事业中来。

（2）降低注册门槛

法律降低了环境 NGO 的注册门槛，使得更多的组织或团体可以便利地注册为 NGO。这包括简化资金要求、简化文件材料等方面，为 NGO 的注册提供了更加宽松的条件。

3. 注册条件宽松

（1）各种类型组织可注册

法律允许各种类型的组织或团体注册为环境 NGO，如非营利性组织、民间社团、志愿者组织等。这种宽松的注册条件为 NGO 的多样化发展提供了空间，促进了 NGO 在环保领域的广泛参与。

（2）注册地点和范围

法律规定了环境 NGO 的注册地点和注册范围，为其注册提供了明确的地域和领域界定。这有助于规范 NGO 的注册行为，保障其合法地位和运作范围。

4. 注册监督与管理

（1）监管机制建立

法律建立了对环境 NGO 的注册监督与管理机制，加强了对 NGO 的监管和管理。这包括对 NGO 活动的监督、年度报告的提交、资金使用的审查等内容，保障了 NGO 的合法权益和环保事业的正常运行。

（2）维护合法权益

法律规定了对环境NGO合法权益的维护措施，包括法律援助、维权机制等。这有助于保障NGO在环保领域的合法权益，促进NGO的健康发展和环保事业的顺利推进。

（二）法律保障NGO的运作与活动

法律为环境NGO的运作和活动提供了以下方面的保障：

1. 资金支持

（1）合法渠道的资金支持

法律规定了环境NGO可以接受来自各种合法渠道的资金支持，包括但不限于以下几个方面。

① 捐赠：法律允许环境NGO接受来自个人、企业等的捐赠，以支持其环保活动和项目实施。

② 赞助：环境NGO可以接受来自企业或其他组织的赞助，用于特定项目或活动的实施。

③ 政府补助：一些政府部门可能会向环境NGO提供资金补助，以支持其在环境保护方面的工作。

（2）经济保障

这些资金支持为环境NGO的运作提供了经济保障，使其能够开展更多的环保活动和项目，推动环境保护事业的进展。

2. 活动空间保障

（1）合法活动范围

法律保障了环境NGO的活动空间，允许其在合法范围内开展各种环保活动，如以下几个方面。

① 宣传活动：举办环保讲座、展览、宣传活动等，向公众传递环保理念和知识。

② 调查研究：开展环境调查、研究项目，为环保政策制定和实践提供科学依据。

③ 培训交流：组织环保培训、交流会议等活动，提升公众和相关人员的环保意识和能力。

（2）法律保障

这些法律保障为环境 NGO 提供了稳定的活动空间，使其能够更好地发挥作用，推动环保事业的开展和进步。

3. 权益维护

（1）合法权益保障

法律规定了环境 NGO 的合法权益，保障其依法开展环保活动的权利，包括但不限于言论自由、组织自由、财产权等。

（2）维权途径

法律为环境 NGO 提供了维权途径，当其合法权益受到侵犯时，可以通过法律途径进行维权，维护自身的合法权益。

4. 信息公开

（1）政府信息公开

法律规定了政府部门应当及时公开环境信息，包括环境监测数据、环境治理计划、环境质量报告等内容。

（2）信息支持

这些信息的公开为环境 NGO 提供了获取环境信息的权利和途径，为其环保活动提供了信息支持，使其能够更加科学、准确地开展环保工作。

（三）法律对 NGO 权益的保护与维护

法律为环境 NGO 的权益保护提供了法律依据和保障措施，主要体现在以下几个方面。

1. 合法权益保护

（1）法律明确规定

法律明确规定了环境 NGO 的合法权益，包括：

① 组织自主权：法律保障 NGO 的组织自主权，使其能够自主决定组织结构、内部管理和活动方向。

② 财产权：法律保护 NGO 的财产权，确保其资金、财产等合法权益不受侵犯。

③ 人身权：法律保障 NGO 成员和工作人员的人身权，包括言论自由、集会示威等权利。

（2）合法地位保障

这些规定为环境 NGO 的合法地位提供了法律依据和保障，保障其在法律框架内正常运作，不受非法侵犯。

2. 维权途径保障

（1）提起诉讼的权利

法律为环境 NGO 提供了维权的途径和机制，允许其依法向法院提起诉讼，维护自身合法权益。

（2）法律诉讼程序

法律规定了诉讼程序，包括起诉、举证、听证等程序，保障 NGO 在诉讼过程中的合法权益。

（3）维权成本支持

法律还规定了对于环境 NGO 的维权成本支持，如法院受理费用减免、律师费用补偿等，为其维权提供了经济支持。

3. 法律援助支持

（1）法律援助制度

法律援助制度在许多国家和地区都得到了建立和完善，旨在为经济困难的环境 NGO 提供法律援助支持，以保障他们的合法权益和开展环保工作的权利。这一制度的建立对于弱势环保组织的发展和环保事业的推进具有重要意义。

第一，法律援助制度为经济困难的环境 NGO 提供了免费的法律咨询服务。面对复杂的法律问题和纠纷，环境 NGO 往往缺乏专业的法律知识和经验，难以有效应对。因此，法律援助制度通过设立法律援助机构或提供专门的法律援助服务，为环境 NGO 提供免费的法律咨询，帮助他们了解法律规定、权利义务等相关法律知识，解决法律问题，确保其合法权益不受侵犯。

第二，法律援助制度为经济困难的环境 NGO 提供法律代理服务。在面临诉讼、仲裁或其他法律程序时，环境 NGO 往往需要专业的法律代理人进行辩护和代理，以保护其合法权益并维护环保事业的正当利益。因此，法律援助制度通过为环境 NGO 提供免费或低成本的法律代理服务，确保他们能够在法律程序中获得公正地对待，维护自身权益。

第三，法律援助制度还可以为环境 NGO 提供其他形式的法律支持，如法律培训、法律文书撰写等服务，帮助他们提升法律意识和能力，提高应对法律问题的能力和水平。

（2）法律服务网络

法律服务网络是为了保障 NGO 的合法权益而建立的一种机制。根据法律规定，政府应该建立法律服务机构和律师团队，专门为环境 NGO 提供法律服务和支持。这样的法律服务网络旨在帮助环境 NGO 解决法律问题，提升其法律意识和能力，维护其合法权益，以促进环保事业的顺利开展和健康发展。

第一，法律服务机构是法律服务网络的重要组成部分。这些机构可以由政府设立或者是社会组织独立建立，其主要任务是为环境 NGO 提供法律咨询、法律援助、法律培训等服务。通过设立法律服务机构，可以为环境 NGO 提供方便、高效的法律支持，帮助他们更好地理解和应对法律问题。

第二，律师团队也是法律服务网络的重要组成部分。这些律师团队可能由政府机构、律师事务所、法律援助组织等组织建立，他们具有丰富的法律经验和专业知识，在环境法领域有着较强的专业素养。律师团队可以为环境 NGO 提供法律代理、诉讼服务，帮助他们解决涉及法律程序的环保问题，维护其合法权益。

第三，法律服务网络还可以通过建立线上平台、提供远程咨询等方式，为环境 NGO 提供便捷的法律服务。这样的网络架构不仅可以解决地域限制和时间限制，还可以提高法律服务的覆盖面和效率，为更多的环境 NGO 提供必要的法律支持。

（3）法律援助范围

法律援助范围的广泛性对于 NGO 而言是至关重要的。这一范围不仅涵盖了诉讼案件，还包括了合同纠纷、知识产权等多个领域，为环境 NGO 提供了全方位的法律援助支持。

第一，诉讼案件是法律援助范围的重要组成部分。在环境保护领域，诉讼往往是解决环境纠纷和争议的重要手段之一。环境 NGO 可能需要在环境损害、环境污染、自然资源保护等方面与企业或政府进行法律纠纷。在这种情况下，法律援助可以为环境 NGO 提供法律代理、诉讼费用等方面的支持，帮助他们维护自身权益，推动环境法律问题得到解决。

第二，法律援助范围还包括合同纠纷领域。环境NGO可能在与其他组织或个人签订合同、协议时出现纠纷，需要法律援助来解决合同履行问题、违约责任等法律纠纷。法律援助可以为环境NGO提供法律意见、合同起草、调解协商等方面的支持，帮助他们维护合同权益，确保合法权益得到保障。

第三，知识产权领域也是法律援助范围的重要组成部分。环境NGO可能涉及环保技术、环境数据、环保专利等知识产权方面的问题，在此类问题上需要法律援助提供专业的法律意见和支持，保护其知识产权和创新成果，防止侵权行为的发生。

总的来说，法律援助范围的广泛性为环境NGO提供了全方位的法律支持和保障，帮助他们应对各种法律问题和挑战，维护自身合法权益，推动环境保护事业的顺利进行。因此，加强法律援助工作，扩大法律援助范围，提高法律援助的覆盖面和质量，对于促进环境NGO的发展和环保事业的推进具有重要意义。

参考文献

[1] 吴志功. 京津冀雾霾治理一体化研究 [M]. 北京：科学出版社，2015：200–202.

[2] 刘一玮. 京津冀区域大气污染治理利益平衡机制构建 [J]. 行政与法，2017（10）：33.

[3] 刘卫先. 环境保护视野下"人类共同遗产"概念反思 [J]. 北京理工大学学报（社会科学版），2015，17（2）：121–128.

[4] 赵斌. 全球气候治理困境及其化解之道：新时代中国外交理念视角 [J]. 北京理工大学学报（社会科学版），2018，20（4）：1–8.

[5] 林灿铃. 气候变化所致损失和损害补偿责任 [J]. 中国政法大学学报，2016（6）：74–82.

[6] 中共中央关于党的百年奋斗重大成就和历史经验的决议（2021年11月11日中国共产党第十九届中央委员会第六次全体会议通过）[N]. 《人民日报》，2021–11–17.

[7] 习近平. 绿水青山就是金山银山——关于大力推进生态文明建设 [N]. 《人民日报》，2014–07–10.

[8] 陈慧娟. 最高检：污染环境犯罪案件查处数量呈明显上升趋势 [N]. 《光明日报》，2020–10–29.

[9] 赵斌，谢淑敏. 重返《巴黎协定》：美国拜登政府气候政治新变化 [J]. 和平与发展，2021（3）：37–58.

[10] 傅莎，柴麒敏，徐华清. 美国宣布退出《巴黎协定》后全球气候减缓、资金和治理差距分析 [J]. 气候变化研究进展，2017（5）：415–427.

[11] 张永香，黄磊，袁佳双. 联合国气候变化框架公约下发展中国家的能力建设谈判回顾 [J]. 气候变化研究进展，2017（3）：292–298.

[12] 陈洪波. "共区"原则的历史作用、演变趋势与我国的应对策略 [J].

生态经济，2017（10）：163–167.

[13] 黄承梁. 构建人与自然生命共同体的基本原则 [J]. 红旗文稿，2021（13）：41–43.

[14] 齐越. 解读克拉斯纳的国际机制思想——对国际机制作为干预变量和自由变量的思考 [J]. 牡丹江大学学报，2013（8）：113–116.

[15] 何志鹏，申天骄. 国际软法在全球治理中的效力探究 [J]. 学术月刊，2021（1）：103–116.

[16] 刘建璋. 生态危机的资本逻辑批判与人类生存的历史性构建 [J]. 重庆邮电大学学报，2021（2）：19–26.

[17] 敖永春，张振卿. 批判与超越——生态学马克思主义对资本主义消费方式的扬弃 [J]. 社科纵横，2020（11）：37–43.

[18] 俞敏. 欧盟环境税改革及其最新发展——以德国的生态税改革实践为重点 // 曹明德，魏晓娟，编. 中国环境法治（2015年卷）[M]. 北京：法律出版社，2016：82–91.

[19] 郭永园. 美国洲际生态治理对我国跨区域生态治理的启示 [J]. 中国环境管理，2018（1）：86–92.